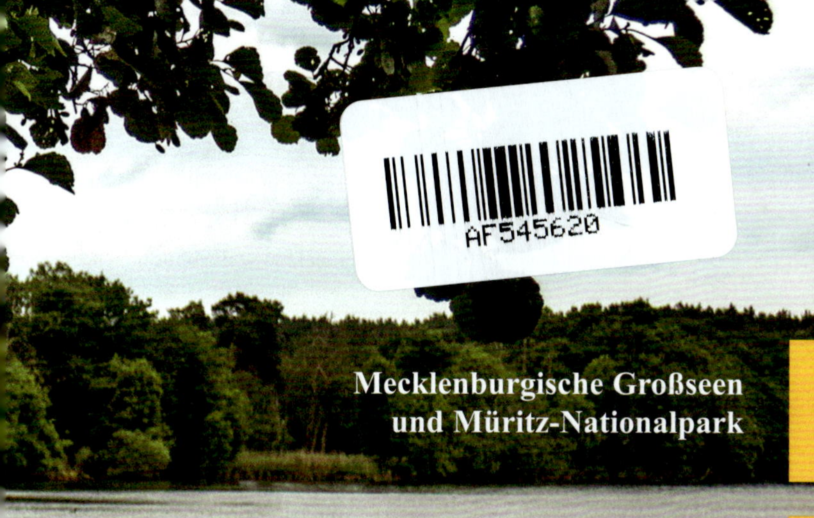

Mecklenburgische Großseen
und Müritz-Nationalpark

Mecklenburgische Kleinseen

Östlicher Teil des
Müritz-Nationalparks und
Feldberger Seenlandschaft

Beobachtungstand am Südufer des Warnker Sees (Tour 7)

Mecklenburgische Seenplatte

Der Autor und der Verlag sind für Lesertipps und Verbesserungen (besonders per E-Mail) unter Angabe der Auflagen- und Seitennummer dankbar.

Dieses OutdoorHandbuch hat 160 Seiten mit 75 farbigen Abbildungen, 24 farbigen Kartenskizzen im Maßstab 1:25.000/50.000/75.000 und einer farbigen, ausklappbaren Übersichtskarte. Es wurde auf chlorfrei gebleichtem, FSC®-zertifiziertem Papier gedruckt, in Deutschland klimaneutral hergestellt und transportiert und wegen der größeren Strapazierfähigkeit mit PUR-Kleber gebunden.

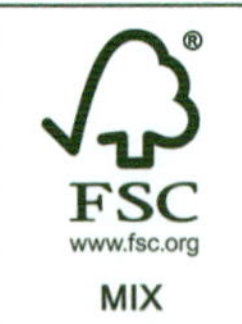

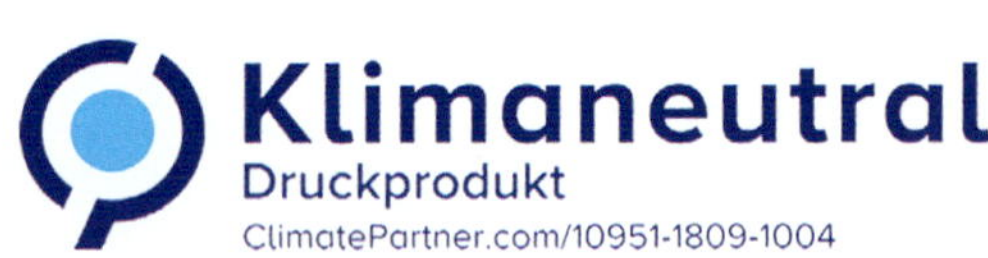

Dieses Buch ist im Buchhandel und in Outdoor-Läden erhältlich und kann im Internet oder direkt beim Verlag bestellt werden.

OutdoorHandbuch aus der Reihe „Regional“, Band 405

ISBN 978-3-86686-535-8 1. Auflage 2018

Text & Fotos: Michael Hennemann
Karten: Manuela Dastig
Lektorat: Anna-Lena Ebner
Layout: Alexandra Sauerland

Gesamtherstellung: gutenberg beuys feindruckerei

Dieses OutdoorHandbuch wurde konzipiert und redaktionell erstellt vom:

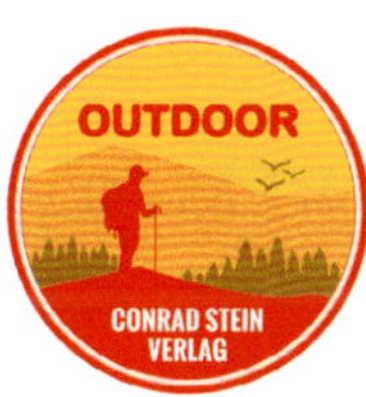

Conrad Stein Verlag GmbH,
Kiefernstr. 6, 59514 Welver,
☏ 023 84/96 39 12, FAX 023 84/96 39 13,
info@conrad-stein-verlag.de,
www.conrad-stein-verlag.de

Besuchen Sie uns bei Facebook & Instagram:

 www.facebook.com/outdoorverlag

 www.instagram.com/outdoorverlag

Titelfoto: Steg und Bootshäuser am Mirower See

Inhalt

Wandern in der Mecklenburgischen Seenplatte

Die Mecklenburgische Seenplatte im Nordosten der Republik zählt zu den beliebtesten Urlaubsregionen der Deutschen. Nur anderthalb bis zwei Autostunden von den Metropolen Berlin bzw. Hamburg entfernt warten hier Natur pur und Wasser, so weit das Auge reicht.

Seit der Kreisgebietsreform 2011 zählt auch die sich nördlich anschließende Mecklenburgische Schweiz administrativ zum Super-Landkreis Mecklenburgische Seenplatte. Er ist mit einer Fläche von 5.468 km² der mit Abstand größte Landkreis Deutschlands und etwa doppelt so groß wie das Bundesland Saarland. Der vorliegende Wanderführer fasst die Grenzen etwas enger und stellt Touren in der Region der Mecklenburgischen Großseen um die Müritz im Nordwesten, die Mecklenburgischen Kleinseen zwischen Neustrelitz und Mirow sowie die Feldberger Seenlandschaft ganz im Südosten an der Grenze zu Brandenburg vor.

Uferwanderweg am Mühlenteich

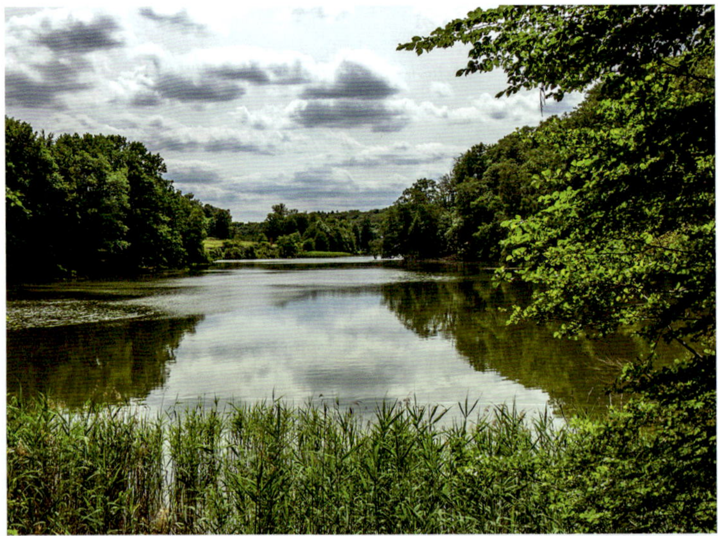

Geformt wurde die Landschaft während der letzten Eiszeit, als die mächtigen Gletscher aus Skandinavien bis in die Region um Berlin vordrangen. Auf ihrer langen Reise frästen und hobelten die kilometerdicken Eispanzer der Weichseleiszeit mächtige Löcher und Rinnen in die Erdoberfläche und schoben tonnenweise Gestein vor sich her. Als das Klima vor 15.000 Jahren dann wieder wärmer wurde, zog sich das Eis zurück und hinterließ ein buntes Mosaik aus hügeligen Endmoränen, Flüssen und den sprichwörtlich 1.000 Seen.

Deren Größe reicht vom kleinsten Tümpel bis zum größten Binnensee Deutschlands, der Müritz, und da die meisten Seen miteinander verbunden sind, ergibt sich so das größte zusammenhängende Seengebiet Mitteleuropas.

Steckbrief Müritz

Entstehung: Die Müritz ist eine Kombination aus einem flachen Grundmoränensee und mehreren Schmelzwasserrinnen, die von dem unter dem Gletscher abfließenden Schmelzwasser tief in das Gelände eingeschnitten wurden.

Namensursprung: In der Slawenzeit: Das slawische *morcze* lässt sich mit „kleines Meer“ übersetzen.

Größte Nord-Süd-Ausdehnung/größte
Ost-West-Ausdehnung: 17,8 km/9,9 km

Gesamtfläche: 117 km²

Alter: Die Müritz entstand am Ende der Weichsel-Kaltzeit vor etwa 12.000 Jahren.

Durchschnittliche Tiefe: 6 m

Größte Tiefe: 33 m

Länge Müritz-Rundweg: 82 km

Der ständige Wechsel von kleinen Seen, schmalen Kanälen, die oft wie natürliche Flüsse anmuten, und weiten Wasserflächen mit breiten Schilfgürteln machen die Mecklenburgische Seenplatte zum Traumziel für Wassersportler und allem voran die Kanuten kommen in Scharen.

Aber auch an Land kommen Naturfreunde voll auf ihre Kosten und die vielen Wald- und Uferwege eröffnen hervorragende Wanderbedingungen für kurze Spaziergänge ebenso wie für ausgedehnte Wanderungen.

Eine Wanderung in der Mecklenburgischen Seenplatte ist dabei stets eine Zeitreise in die Erdgeschichte und das Wasser ein ständiger Begleiter. Dazwischen warten uralte Wälder und weite Wiesen, sanft geschwungene Hügelketten und romantische Dörfer auf eine Entdeckung.

Mal federt der Schritt über weichen Moorboden, mal riecht es nach Wald. Hier zieht ein Seeadler seine Kreise am Himmel, dort entdeckt das Auge einen Eisvogel, die Bissspuren eines Bibers oder eine seltene Orchidee.

Das durchgehend flache Höhenprofil schont die Waden und erfreut Gelegenheitswanderer ebenso wie Familien mit Kindern, denn hoch hinauf geht es allenfalls auf einen Kirch- oder Aussichtsturm, um den weiten Panoramablick über die einzigartige Natur zu genießen, die sich im Müritz-Nationalpark sogar wieder zur durch den Menschen nicht gezähmten Wildnis entwickeln darf.

Höhepunkte bei einer Wanderung sind vor allem, die stillen, kleinen Reize. Ob bei einem Bad im sommerwarmen See, einem idyllischen Picknick mit Blick aufs Wasser, der Einkehr in einem rustikalen Fischerhof oder einfach dem Anblick einer Prachtlibelle, die sich auf einem Seerosenblatt sonnt, in der Mecklenburgischen Seenplatte können Sie die Hektik des Alltags weit hinter sich lassen.

Reise-Infos

Anreise

Die Mecklenburgische Seenplatte ist sowohl mit der Bahn wie auch dem Auto schnell und unkompliziert zu erreichen, denn die Region liegt nur rund 90 Min. von Berlin bzw. 120 Min. von Hamburg entfernt.

Mit dem Auto nehmen Sie in beiden Fällen die A24 bis zum Wittstocker Kreuz und fahren weiter auf der A19 in Richtung Rostock. Je nach Urlaubsort empfehlen sich dann die Abfahrten Röbel, Waren (Müritz) oder Malchow. Den östlichen Teil der Mecklenburgischen Seenplatte (Kleinseenplatte und Feldberger Seenlandschaft) erreichen Sie aus Berlin alternativ auch gut über die B96.

Die Bahnhöfe in Neustrelitz und Waren (Müritz) sind die Eingangstore für die Anreise mit der Bahn und gut mit dem Nahverkehr ab Berlin zu erreichen. Die Regionalexpress-Linie RE 5 von Berlin nach Neustrelitz wird im Stundentakt bedient, die Züge auf der Strecke von Berlin nach Rostock mit Halt in Neustrelitz, Kratzeburg und Waren (Müritz) fahren zweistündlich. Von Neustrelitz kommen Sie mit der Kleinseenbahn über Groß Quassow, Wesenberg, Weißer See und Leussow bis nach Mirow.

An Samstagen in den Sommermonaten besteht zudem eine ICE-Nachtverbindung ab Köln Hbf über Berlin direkt zu der Mecklenburgischen Seenplatte und auch einzelne Züge der ICE-Hochgeschwindigkeitsstrecke zwischen München und Berlin fahren dann mit Halt in Neustrelitz und Waren (Müritz) weiter bis Rostock-Warnemünde.

Weitere Informationen und detaillierte Fahrpläne finden Sie unter www.bahn.de.

Der Fernbusanbieter FlixBus (www.flixbus.de) fährt aus Hamburg, Berlin und Greifswald nach Neustrelitz.

Unterkünfte

In der gesamten Mecklenburgischen Seenplatte stehen ausreichend Unterkünfte für jeden Anspruch und Geldbeutel zur Verfügung. Möglich ist dabei alles vom Campingplatz über die Jugendherberge, das Ferienhaus, den Familienbauernhof oder die familiengeführte Pension bis hin zum Hotel direkt am Wasser. Gute Wanderstandorte sind die Städte Waren (Müritz), Mirow, Wesenberg und Neustrelitz.

Hilfreich bei der Quartiersuche ist die Gastgeber-Datenbank der regionalen Tourist-Information:

💻 www.mecklenburgische-seenplatte.de/gastgeber.

Jugendherbergen im Bereich der vorgestellten Wanderungen finden Sie in Malchow, Waren (Müritz), Mirow und Feldberg.

♦ DJH Service-Center Mecklenburg-Vorpommern, Konrad-Zuse-Straße 2, 18057 Rostock, ☏ 03 81/77 66 70, 💻 www.jugendherberge.de

Die Mecklenburgische Seenplatte ist ein Traumziel für Campingfreunde. Es finden sich Plätze für jeden Geschmack vom einfachen Naturcamping bis zum 5-Sterne-Komfortplatz mit Animationsprogramm. Unabhängig von der Ausstattung begeistern beinahe alle Plätze mit ihrer direkten Lage am Wasser. In der Regel sind die Plätze von April bis Oktober geöffnet, es gibt aber inzwischen auch eine Reihe größerer Plätze mit ganzjährigem Betrieb.

Schöne Wohnmobilstellplätze mit guter Infrastruktur auch für den längeren Aufenthalt finden sich in Waren (Müritz), Neustrelitz und Wesenberg.

Eine Übersicht der Campingangebote liefert die beim Tourismusverband kostenlos erhältliche Broschüre „Camping Mecklenburgische Seenplatte“. Eine Onlineversion gibt es auch unter

💻 www.mecklenburgische-seenplatte.de/Camping.

Verkehrsmittel vor Ort

In der dünn besiedelten Mecklenburgischen Seenplatte bleibt das Auto das Hauptverkehrsmittel, um auch die entlegeneren Orte zu erreichen. Kleinere Dörfer werden mit dem Bus, wenn überhaupt, nur ein- oder zweimal am Tag angefahren. Mit ein bisschen Planung und Geduld lässt sich ein Teil der vorgestellten Wanderungen aber durchaus mit öffentlichen Verkehrsmitteln erreichen.

Die Züge der Kleinseenbahn bringen Sie zweistündlich von Neustrelitz aus in die Kleinseenplatte um Wesenberg und Mirow. Die Inselstadt

Malchow ist von Waren (Müritz) aus per Regionalbahn (RB 15) zu erreichen. Die Züge sind dabei als direkter Anschluss an den Regionalexpress RE 5 von bzw. nach Berlin getaktet und fahren sechs- bis siebenmal täglich.

Von Neustrelitz fährt die Buslinie 619 über den Serrahner Teil des Müritz-Nationalparks in die Feldberger Seenlandschaft. Mit der Linie Dat Bus kommen Sie schnell und direkt ohne Umzusteigen aus Neubrandenburg in die Stadtzentren von Waren (Müritz), Röbel und Rechlin. Von Ende April bis Ende Oktober fährt zusätzlich der Nationalparkbus von Waren (Müritz) über Speck, das Zartwitzer Kreuz und Boek bis nach Rechlin.

Fahrplan- und Tarifinformationen liefert die Mobilitätszentrale der Mecklenburg-Vorpommerschen Verkehrsgesellschaft, Friedrich-Engels-Ring 12 (am ZOB), 17033 Neubrandenburg, 03 95/35 17 63 50, www.mvvg-bus.de, Mo-Fr 6:00-18:00

Häfen für die Fahrgastschifffahrt finden Sie u. a. in Waren (Müritz), Malchow, Mirow, Röbel und Plau. Die Ausflugsschiffe verkehren etwa von Mai bis September, allerdings werden überwiegend ganz- oder halbtägige

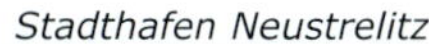

Stadthafen Neustrelitz

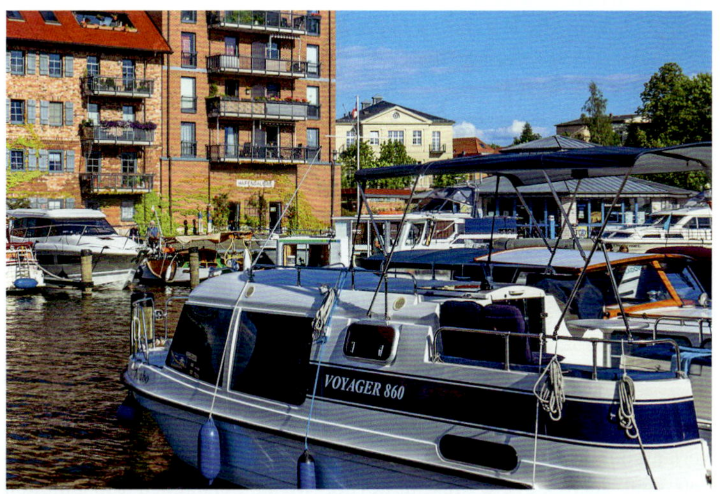

Rundfahrten angeboten, die sich nicht für die Anreise zu den einzelnen Wanderungen eignen. Vereinzelt erlauben aber Linienfahrten eine schöne Kombination aus Streckenwanderung und Rückkehr zum Ausgangspunkt mit dem Schiff. Detaillierte Hinweise dazu finden Sie in der jeweiligen Tourenbeschreibung.

Eine Übersicht der einzelnen Reedereien, Anlegestellen und angebotenen Touren liefert die Website

💻 www.fahrgastschiffahrt-mecklenburgische-seenplatte.de.

Müritz-Nationalpark-Ticket

Vergleichsweise gute Bedingungen für die umweltfreundliche Anreise zu den Wandertouren ohne Auto bieten während der Sommermonate die Bus- und Schiffsverbindungen im Bereich des Müritz-Nationalparks.

Mit dem Nationalparkticket (erhältlich als Tages-, 3-Tage- oder Wochenkarte) können Sie das komplette Bus- und Schiffsliniennetz innerhalb des Nationalparks beliebig oft nutzen und auch die Fahrradmitnahme ist möglich. Kinder bis 6 Jahre fahren auf allen Linien kostenfrei mit.

💻 www.nationalparkticket.de

🚗 Falls Sie sich beim Laufen überschätzt haben sollten, bleibt nur das Taxi als letzter Ausweg zurück in die Zivilisation.

- Taxi-Zentrale am Bahnhof, Beethovenstraße 3, 17192 Waren (Müritz), ☎ 039 91/16 71 67
- Müritz-Taxi, Lloydstraße 4A, 17192 Waren (Müritz), ☎ 039 91/150 00
- Taxi & Mietwagenzentrale G. Moritz, OT Peetsch 39c, 17252 Mirow, ☎ 03 98 33/204 54, 💻 www.taxibetrieb-moritz.de
- Taxi Mietwagen Hänsch, Tiergartenstraße 16, 17255 Wesenberg, ☎ 03 98 32/203 35, 📱 01 71/545 94 85
- Taxi und Mietwagen Holger Hank, Kranichstraße 25, 17235 Neustrelitz, ☎ 039 81/25 63 63, 💻 www.taximst.de

Wanderinfrastruktur

Die Mecklenburgische Seenplatte ist ein leichtes Wandergebiet. Die Touren verlaufen in der Regel auf gut zu laufenden Wald- und Feldwegen, vereinzelt sind auch kürzere Abschnitte auf wenig befahrenen asphaltierten

Straßen erforderlich. Technische Schwierigkeiten brauchen Sie dabei ebenso wenig zu befürchten wie anstrengende An- oder Abstiege, denn das Höhenprofil ist durchgehend flach.

Die höchste Dichte an markierten Wanderwegen finden Sie im Bereich des Müritz-Nationalparks mit über 450 km ausgeschilderten Wanderwegen, aber auch an anderen Stellen wurden schöne Strecken markiert.

Vielerorts laden idyllische Landcafés oder urige Dorfgasthöfe entlang der Strecke zur Einkehr ein. Gerade wenn Sie in der Nebensaison unterwegs sind, sollten Sie sich aber auf eingeschränkte Öffnungszeiten einstellen. In den Wintermonaten Januar/Februar bleibt so manche Küche kalt, da sich der Gastwirt auf die neue Saison vorbereitet. Die angegebenen Öffnungszeiten sind so genau wie möglich recherchiert, da sie aus Erfahrung aber ständigen Änderungen und Anpassungen unterworfen sind, empfiehlt es sich im Zweifel, vorab kurz anzurufen, um nicht mit knurrendem Magen vor verschlossener Tür zu stehen. Die Kontaktdaten finden Sie in der Tourenbeschreibung. Grundsätzlich sollten Sie aber ohnehin stets ausreichend Verpflegung mitführen.

Weitwanderwege in der Mecklenburgischen Seenplatte

Der **Müritz-Nationalpark-Weg** ist der längste markierte Wanderweg durch einen Nationalpark in Deutschland und schlängelt sich durch ein dichtes Netz aus Flüssen, Seen und Teichen inmitten weitläufiger Wälder durch die Wildnis des Müritz-Nationalparks. Er lässt das Herz eines jeden Naturliebhabers höherschlagen. Die etwa 175 km lange Rundtour ist in 9 Etappen von 10 bis 20 km Länge unterteilt. Der Einstieg ist an vielen Orten möglich und auch die Laufrichtung kann frei gewählt werden, denn der Streckenverlauf ist in beide Richtungen durchgängig mit einem blauen M gekennzeichnet.

Der mit der typischen Jakobsmuschel markierte **Pilgerweg Mecklenburgische Seenplatte** führt auf zwei Strecken von Friedland im Nordosten über Neubrandenburg und anschließend entweder östlich um den Tollensesee (über Ballwitz, Rödlin, Steinmühle, Fürstenberg) oder westlich um den Tollensesee (über Alt Rhese, Prillwitz, Neustrelitz, Wesenberg) quer durch die Mecklenburgische Seenplatte nach Mirow im Südwesten.

www.pilgerweg-mecklenburgische-seenplatte.de

Reisezeit

Hauptreisezeit für die Mecklenburgische Seenplatte sind die Sommermonate Juni und Juli. Absoluter Hochbetrieb herrscht auch an Pfingsten und Christi Himmelfahrt. An diesen Wochenenden sollten Sie die Übernachtungsmöglichkeit unbedingt rechtzeitig vorab reservieren, das gilt selbst für den Campingplatzaufenthalt.

Ideale Wanderzeiten mit angenehmen Temperaturen sind die Vor- und Nachsaison im Frühjahr (Mitte Mai bis Juni) bzw. Herbst (Mitte September bis Oktober), wenn es deutlich ruhiger zugeht. Natürlich haben auch Winterwanderungen ihren Reiz, allerdings bleiben insbesondere im Januar und Februar viele Hotels und Restaurants geschlossen.

Mücken

Die wasserreiche Mecklenburgische Seenplatte ist naturgemäß „Mückenland“. Je nach Jahreszeit und Verlauf des Sommers (besonders schlimm wird es bei feuchtwarmer Witterung) werden die kleinen Blutsauger an Seeufern und im Wald zu einer echten Plage. Daher gilt: Mückenspray nicht vergessen!

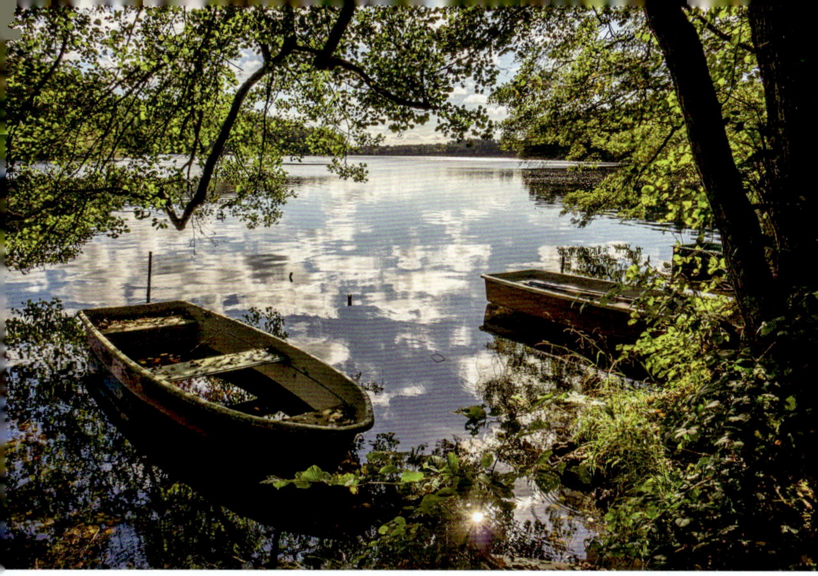

Rückweg von Carwitz am Westufer

Landkarten

Als gute Ergänzung zur Routenbeschreibung eignen sich:

- Rad- und Wanderkarte Müritz-Nationalpark, Waren (Müritz) – Neustrelitz – Mirow – Rechlin – Wesenberg, 1:50.000, Klemmer Verlag
- Wanderkarten-Set Mecklenburgische Seenplatte (Nr. 856), 1:60.000, KOMPASS-Karten
- Kompass Wanderkarten-Set Müritz und Umgebung (Nr. 855), 1:50.000, KOMPASS-Karten (alternativ zum Karten-Set Nr. 856)
- Rad- und Wanderkarte Müritz Nationalpark, 1:50.000, Puplicpress Verlag, wetterfest laminiert

☺ Die Kartenempfehlungen wurden von der Geobuchhandlung Kiel überprüft. 💻 www.geobuchhandlung.de

☺ Alle in diesem Führer beschriebenen Wanderwege laufen durch mehr oder weniger flaches Gelände ohne nennenswerte Höhenunterschiede. Daher wurde auf die Darstellung von Höhenprofilen verzichtet.

Wandern mit Kindern

Die Mecklenburgische Seenplatte ist das perfekte Urlaubsziel für die ganze Familie und viele der vorgestellten Touren sind gut für Kinder geeignet. Gefährliche Passagen oder stärker befahrene Straßen gibt es nur in Ausnahmefällen und unterwegs lassen Badestellen mit flach abfallendem Strand, schöne Spielplätze und, nicht zu vergessen, die vielfältige Natur keine Langeweile aufkommen.

Natürlich gelten beim Wandern mit Kindern aber andere Maßstäbe und es muss genug Zeit zum Toben, Entdecken und Spielen eingeplant werden. So wird aus einem kurzen Spaziergang schnell eine Halbtagestour und eine mittellange Wanderung, die man ansonsten schon zu Mittag bewältigt hätte, nimmt schnell den kompletten Tag in Anspruch.

Was möglich ist und was nicht, hängt dabei auch stark von der aktuellen Tagesform ab. Bereitet an einem guten Tag selbst eine ausgedehnte Wanderung keine Probleme, so kann schon beim nächsten Mal der Enthusiasmus, mit Eimer und Schaufel im Sand zu werkeln, so groß werden, dass der Zeitplan bereits am ersten Strand oder Spielplatz gefährlich ins Wanken gerät.

Brücke über den Mühlenbach

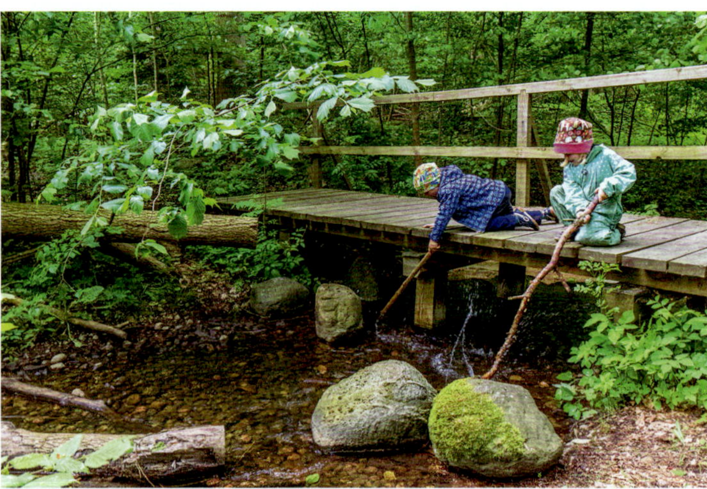

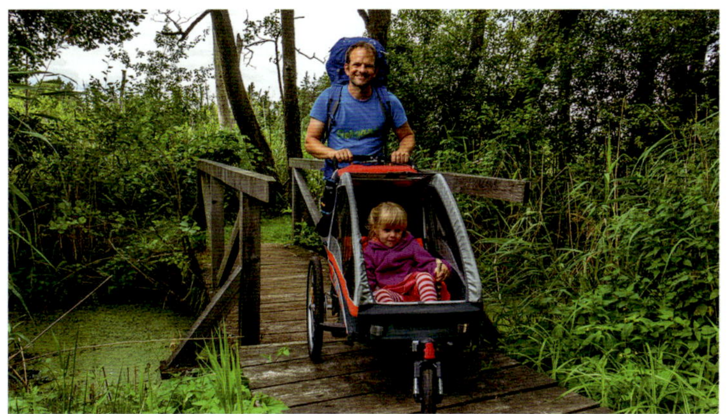

Unterwegs auf dem Müritz-Nationalparkweg

Wandern mit Buggy

Eine Vielzahl der Touren lässt sich gut mit Kinderwagen oder sogar einfachen Buggys begehen. Die Höhenunterschiede sind nicht der Rede wert und Hindernisse wie enge Umlaufsperren oder Treppenstufen bilden bei den vorgestellten Touren die absolute Ausnahme. Entsprechende Hinweise zu Abschnitten, die Probleme bereiten können, finden Sie selbstverständlich in der Streckenbeschreibung.

Während Touren, die asphaltierten Straßen oder befestigten Wanderwegen folgen, keine besonderen Ansprüche an den fahrbaren Untersatz stellen, macht sich auf etwas naturnäheren Wanderwegen mit dem falschen Gefährt schnell Frust breit. Für längere Touren ist daher ein geländegängiger Kinderwagen die beste Wahl. Entscheidend ist dabei die Bereifung. Große Luftreifen gleichen kleinere Unebenheiten der Fahrbahnoberfläche aus und federn Stöße auf holprigen Wegen ab, sodass – gerade bei Neugeborenen besonders wichtig – die Wirbelsäule geschützt wird. Außerdem rollen sie ohne zu murren über Schlaglöcher und kleinere Hindernisse hinweg und blockieren nicht bei jedem heruntergefallenen Ästlein auf dem Weg. Wenn sich dann noch die Vorderräder feststellen lassen, damit auch auf holprigen Feldwegen ein guter Geradeauslauf gewährleistet ist, steht dem Wandervergnügen mit Kinderwagen nichts im Weg.

Wandern mit Hunden

Die Mecklenburgische Seenplatte ist bei Hundefreunden sehr beliebt und die Mehrzahl der vorgestellten Touren ist problemlos für Hunde machbar. Außerdem gibt es in der ländlichen Umgebung genug Platz zum Herumtoben.

Im Bereich des Nationalparks und auch in den übrigen Wäldern sollten Sie Ihren Hund allerdings stets an die Leine nehmen, denn der „Duft" von Hase, Fuchs oder Reh kann selbst den gutmütigsten Vierbeiner schwach werden lassen. So ersparen Sie den Wildtieren eine gefährliche Hetzjagd und laufen nicht Gefahr, dass Ihr Hund im Wald verschwindet.

Zahlreiche Unterkünfte vom Campingplatz über Ferienwohnung bis zum Hotel haben sich auf den Aufenthalt von Vierbeinern eingestellt und an den offiziellen Badestellen sind oft spezielle Abschnitte ausgewiesen, in denen Hunde frei laufen und im Wasser baden können. Handtuch zum Abtrocknen nicht vergessen, wenn Sie anschließend mit dem Hund noch eine Gaststätte aufsuchen möchten!

Information

Zentrale Anlaufstellen für die Informationssuche für den Urlaub sind der Tourismusverband Mecklenburgische Seenplatte und das Nationalparkamt Müritz:

- Tourismusverband Mecklenburgische Seenplatte e. V., Turnplatz 2, 17207 Röbel/Müritz, ☏ 03 99 31/53 80, 💻 www.mecklenburgische-seenplatte.de
- Nationalparkamt Müritz, Schlossplatz 3, 17237 Hohenzieritz, ☏ 03 98 24/25 20, 💻 www.nationalpark-mueritz.de

Adressen der lokalen Touristeninformationen im Bereich der vorgestellten Touren

- Tourist Info Plau am See, Marktstraße 20, 19395 Plau am See, ☏ 03 87 35/456 78, 💻 www.plau-am-see.de, 🚪 Mai-Sep Mo-Sa 9:00-18:00, So 10:00-14:00, April-Okt Mo-Fr 10:00-17:00, Sa 10:00-14:00, Nov-März Mo-Fr 10:00-16:00, Sa 10:00-13:00
- Touristinformation Feldberger Seenlandschaft, Haus des Gastes im OT Feldberg, Strelitzer Straße 42, 17258 Feldberger Seenlandschaft, ☏ 03 98 31/27 00, 💻 www.feldberger-seenlandschaft.de, 🚪 Mo-Fr 9:00-18:00, Sa 10:00-15:00, So 10:00-13:00

- Waren (Müritz)-Information, Neuer Markt 21, 17192 Waren (Müritz), ☏ 039 91/74 77 90, 💻 www.waren-tourismus.de, 🚪 Juli-Aug 9:00-19:00, Mai-Juni, Sep 9:00-18:00, Okt-Apr Mo-Fr 9:00-18:00, Sa 10:00-15:00
- Touristinformation und Stadt Mirow, Schlossinsel 2a, 17252 Mirow, ☏ 03 98 33/275 67, 💻 www.mirow.m-vp.de, 🚪 Juni-Aug Mo-Fr 10:00-18:00, Sa/So 9:00-15:00, Mai, Sep Mo-Fr 10:00-18:00, Sa 9:00-15:00, Okt-April Mo-Fr 9:00-16:00
- Touristinformation der Inselstadt Malchow, Kirchenstraße 11, 17213 Malchow, ☏ 03 99 32/831 86, 💻 www.tourismus-malchow.de, 🚪 Juli-Aug Mo-Fr 10:00-18:00, Sa/So 10:00-16:00, Mai, Juni, Sep Mo-Fr 10:00-18:00, Sa/So 10:00-16:00, Okt Mo-Fr 10:00-17:00, Sa/So 10:00-14:00, Nov-April Mo-Fr 10:00-16:00
- Touristinformation und Stadt Wesenberg, Burg 1, 17255 Wesenberg, ☏ 03 98 32/206 21, 💻 www.klein-seenplatte.de, 🚪 Juni-Aug Mo-Fr 10:00-18:00, Sa/So 9:00-15:00, Mai, Sep 10:00-18:00, Sa 9:00-15:00, Okt-April Mo-Fr 9:00-16:00
- Tourist- und Nationalparkinformation Neustrelitz, Strelitzer Straße 1, 17235 Neustrelitz, ☏ 039 81/25 31 19, 💻 www.neustrelitz.de, 🚪 Mai-Sep Mo-Fr 9:00-18:00, Sa/So 9:30-13:00, Okt-April Mo-Do 9:00-12:00 und 13:00-16:00, Fr 9:00-12:00, Sa vor Ostern, 1. Mai und Pfingstmontag 9:30-13:00
- Fremdenverkehrsverein Havelquellseen e. V., Henningsfelde 1, 17237 Kratzeburg, ☏ 07 00/35 84 28 35, 💻 www.havelquellseen.de, ✋ nur Postadresse, kein Publikumsverkehr

Updates

Der Conrad Stein Verlag veröffentlicht Updates zu diesem Wanderführer, die direkt vom Autor oder von den Lesern des Buches stammen. Sie finden diese auf der Verlagshomepage 💻 www.conrad-stein-verlag.de. Der abgebildete QR-Code führt Sie direkt dorthin.

GPS-Tracks

Die GPS-Tracks zu den beschriebenen Wegen können Sie von der Internetseite des Verlags (💻 www.conrad-stein-verlag.de) herunterladen.

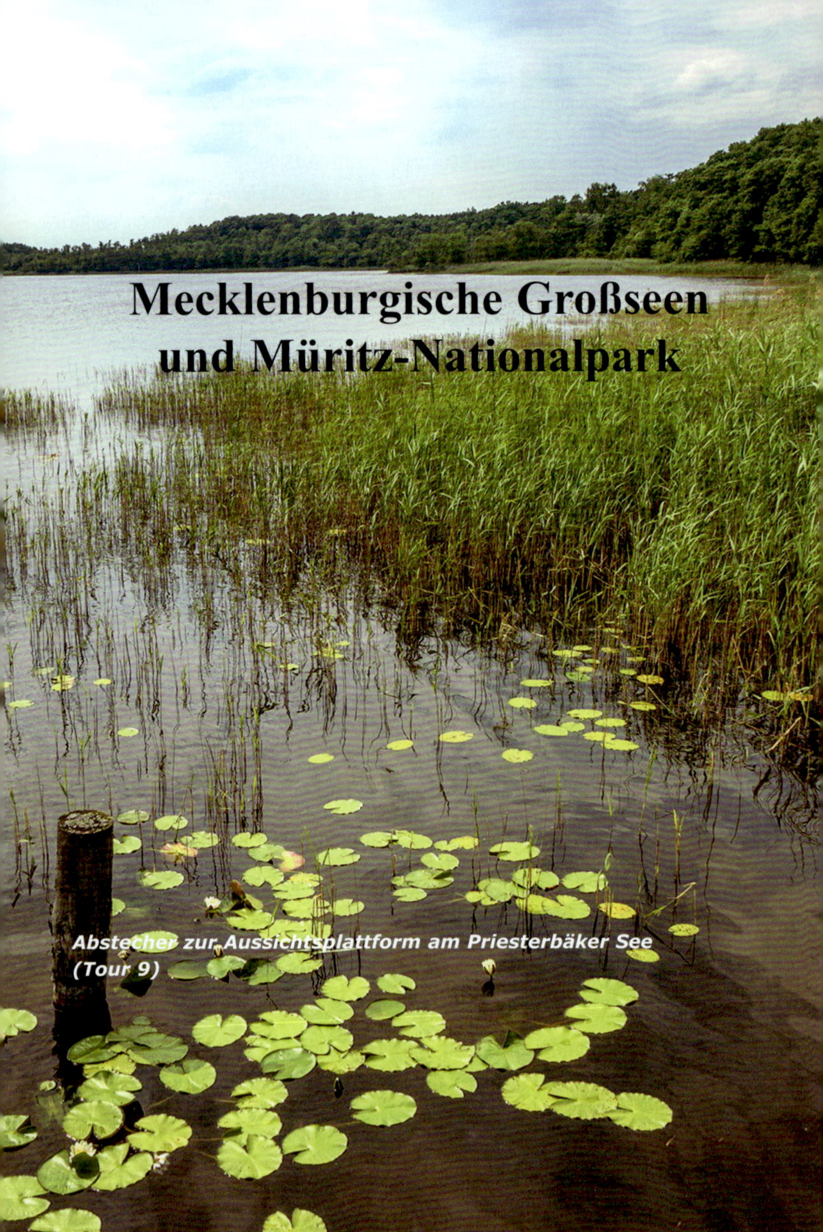

Abstecher zur Aussichtsplattform am Priesterbäker See
(Tour 9)

❶ Spur der Zaubersteine im Plauer Stadtwald

Äußerst abwechslungsreiche Runde für See- und Waldliebhaber

Der Name täuscht: Der Plauer Stadtwald ist kein künstlich angelegter Park, sondern ein naturnaher Wald, in dem Eisvögel und rund 30 Libellenarten zu Hause sind. In der zweiten Hälfte der Tour lockt dann der Plauer See mit einer gut zu laufenden, breiten Promenade, weiten Blicken, guten Einkehrmöglichkeiten und tollen Badestellen.

Start/Ziel: Kletterwald am südlichen Ortsrand (Ziegeleiweg, 19395 Plau), GPS N 53°27.013' E 012°15.863'

10,4 km

2 Std. 30 Min.

70 m/70 m

65-85 m

Die vorgestellte Route ist durchgehend und in beide Richtungen durch grüne Schilder mit der Beschriftung „Spur der Zaubersteine Plauer Stadtwald und See" und dem Bild der Hexe Plaulina sowie Richtungspfeilen markiert.

im ersten Teil Waldwege, nach ergiebigen Regenfällen mit einzelnen Nassstellen, im weiteren Verlauf asphaltierte Straße und gepflasterte bzw. naturbelassene Wege an der Uferpromenade des Plauer Sees

zahlreiche Einkehrmöglichkeiten vom Imbiss bis zum Restaurant in kurzen Abständen an der Uferpromenade (km 5 bis km 8,7)

entlang der Seepromenade zahlreiche Rastbänke und Unterstände, Bank-Tisch-Kombination (km 4,8)

Badestelle Seeluster Bucht (km 5,9), Badestelle am Camping Zuruf (km 7,1), Strandbad 19395 (km 8,5)

Die Strecke ist sehr kinderfreundlich. Neben der herrlichen Natur im Stadtwald lassen Kletterwald, Badestellen und ein Spielplatz unterwegs keine Langeweile aufkommen.

Die Strecke ist durchgehend angenehm schattig. Für die Waldwege empfiehlt sich ein geländegängiger Kinderwagen. Einzelne Abschnitte verlaufen auf schmalen Pfaden, daher ist die Tour für Zwillingskinderwagen nicht geeignet. Unkompliziert und auch für Buggys hervorragend geeignet ist die breite Uferpromenade entlang des Sees. Im Sommer Moskitonetz nicht vergessen!

Besonders schön für den Spaziergang mit Hund ist der Plauer Stadtwald. Die belebte Uferpromenade entlang des Plauer Sees ist aber weniger geeignet. An den Badestellen sind Hunde verboten. Einen kleinen Hundestrand gibt es aber gleich zu Beginn vor dem großen Sandstrand an der Badestelle in der Seeluster Bucht sowie einen abgetrennten Bereich im hinteren Teil des Strandbads 19395.

Bus Linie 77 von Malchow oder Parchim nach Plau am See, Fahrplan unter www.mvvg-bus.de

P Waldparkplatz am Kletterwald, weitere Parkmöglichkeiten an der Dammstraße schräg gegenüber dem ehemaligen Kino, GPS N 53°27.301' E 012°16.071'; Anfahrt zum Start: auf der B103 bis Plau, südlich des Stadtzentrums in die Dammstraße abbiegen und auf Höhe des ehemaligen Kinos links in den Ziegeleiweg

Vom Waldparkplatz am Plauer Kletterwald beginnen Sie Ihre Wanderung in südwestliche Richtung und laufen auf dem Ziegeleiweg unter den Seilrutschen des Kletterparks durch.

Plauer Kletterwald, Ziegeleiweg (Klüschenberg), 19395 Plau am See, ☏ 03 87 35/81 97 38, www.kletterpark-plau.de, (nur bei geeignetem Wetter) März Sa/So 11:00-18:00, April Mi-So 11:00-8:00, Mai-Okt tgl. 10:00-18:00

Ziegelsee

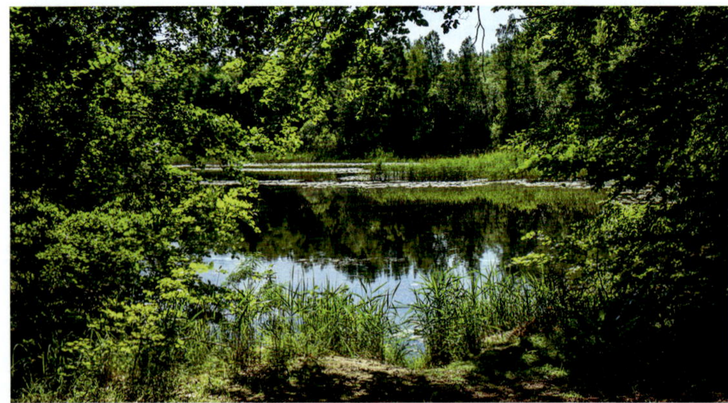

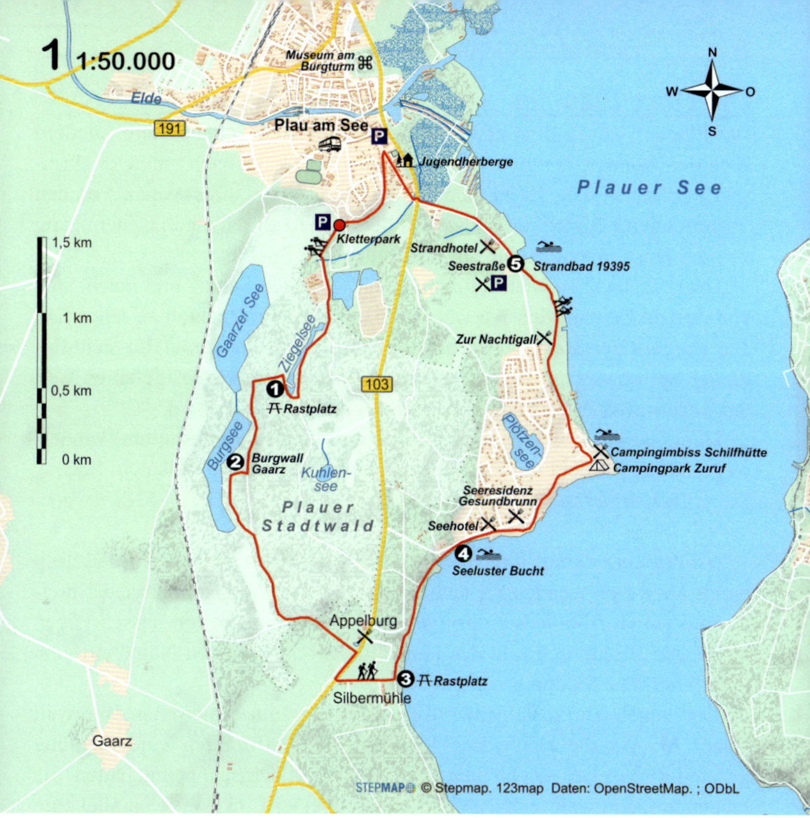

Die breite Allee führt Sie an ihrem Ende bei einem Kinderheim in einer Linkskurve an dem verlassenen Fabrikgelände der ehemaligen Plauer Ziegelei, in der für fast 300 Jahre aus Ton und Schluff Ziegel hergestellt wurden, vorbei. Die einstige Tongrube hat sich mittlerweile mit Wasser gefüllt, daher der Name Ziegelsee.

Eine erste Schautafel informiert über das Naturschutzgebiet Plauer Stadtwald und Sie laufen rechts am Ufer eines kleinen Sees weiter. Im Frühjahr verströmt der blühende Waldmeister am Boden des Buchenwalds einen intensiven Geruch. Bei der Gabelung am Ende der Wasserfläche folgen Sie dem Wegweiser „Appelburg 3 km“ nach rechts und der Weg wird zu einem schmalen Pfad.

Die Hexe Plaulina

Der Plauer Stadtwald ist nicht nur Heimat für viele seltene Tiere, sondern auch der Wohnort der guten Hexe Plaulina. Der Sage nach rettete die Prinzessin Plaulina vor 1.000 Jahren den Burgschatz ihres Vaters vor den angreifenden Feinden, indem sie mit dem Schatz durch einen Geheimgang von der Burg in eine Höhle am Kalüschenberg flüchtete.

Dort versteckt sie sich seitdem, wacht über den Schatz und macht sich von Zeit zu Zeit auf den Weg, um in Plau nach dem Rechten zu sehen und den Bürgern der Stadt bei Problemen zur Seite zu stehen. Dafür steht das Plauer Sprichwort: „Wenn die Karre mal wieder richtig festgefahren war, mal sehen, was Plaulina daraus macht.“

Heute ist die Hexe Plaulina das Symbol für den vorgestellten Wanderweg und das Gesicht der Familienangebote in der Region Plau am See.

💻 www.plaulina.de

An der kurz darauf folgenden Rastbank ❶, wo der Naturlehrpfad nach rechts abzweigt, wenden Sie sich nach links. Der Weg ist nun wieder breiter und ein Holzbohlensteg bringt Sie ohne die Gefahr von nassen Füßen durch den Erlenbruchwald des Hofstätter Moores, dessen Name auf eine mittelalterliche Siedlung zurückgeht.

Der nun leicht ansteigende Weg führt Sie zum Slawischen Burgwall Gaarz ❷, wo die slawischen Siedler vor 1.000 Jahren eine Siedlung geschützt zwischen den kleinen Seen und Moorflächen angelegt hatten. Sie biegen am Burgwall rechts ab und laufen in einer Linkskurve parallel zum Ufer des Burgsees weiter. Am Ende des Waldes halten Sie sich an der Wegkreuzung hinter dem Schlagbaum links und kommen an einem ersten Haus vorbei zur B103 im Plauer Ortsteil Appelburg.

Hier laufen Sie auf dem Fußweg nach rechts weiter und müssen nach etwa 230 m bei einer 🚌 Bushaltestelle vorsichtig die stark befahrene Bundesstraße überqueren, um anschließend auf dem Millionenweg Richtung See hinabzulaufen.

Hinter der Klinik stoßen Sie bei einer überdachten ⛩ Tisch-Bank-Kombination ❸ auf das Seeufer und biegen nach links auf die gut ausgebaute Uferpromenade ab.

Der Plauer See ist im Durchschnitt etwa 8 m tief, an der tiefsten Stelle sogar über 25 m. Er ist nach der Müritz und dem Schweriner See der

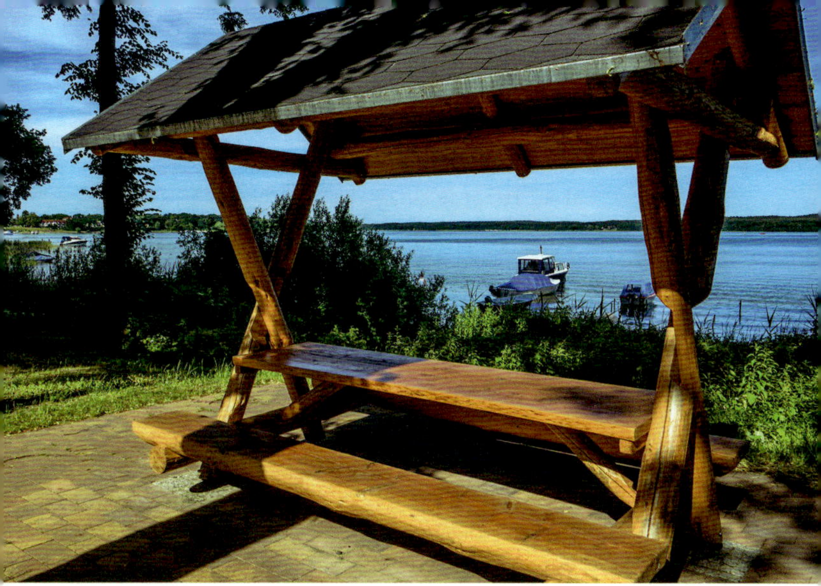

Rastplatz am Ufer des Plauer Sees

drittgrößte See in Mecklenburg-Vorpommern und der siebtgrößte in Deutschland.

Nun geht es immer mit Blick auf den See weiter und zahlreiche Bänke laden zum Verweilen ein. Die meisten Stege sind aber privat und gehören zu den prächtigen alten Villen, die sich wohlhabende Berliner vor über 100 Jahren als Sommerfrische errichtet haben.

Eine Möglichkeit zum Abkühlen bietet die schöne, familienfreundliche Badestelle an der Seeluster Bucht ❹, die mit langem Sandstrand, Spielgeräten und flachem Uferbereich auch sehr gut für kleinere Kinder geeignet ist. Es gibt auch einen kleinen Imbiss.

Imbiss, Hermann-Niemann-Straße 7, 19395 Plau am See, keine festen Öffnungszeiten

Weitere Einkehrmöglichkeiten bieten oben an der Promenade in kurzem Abstand erst das Seehotel mit Wintergarten und Sommerterrasse sowie die Seeresidenz Gesundbrunn.

Seehotel, Hermann-Niemann-Straße 6, 19395 Plau am See, ☏ 03 87 35/840, tgl. 7:00-22:00

♦ Seeresidenz Gesundbrunn, Hermann-Niemann-Straße 11, 19395 Plau am See, ☏ 03 87 35/81 40, Mo-Fr 18:00-22:00, Sa/So 12:00-14:00, 18:00-22:00, Küchenschluss jeweils um 21:00

Als nächstes erreichen Sie den Campingpark Zuruf, über dessen Gelände der Wanderweg führt. Das Tor wird nachts von 23:00 bis 5:00 geschlossen. 100 m hinter dem Sanitärgebäude laufen Sie nach rechts zwischen den Zäunen weiter und erreichen den Campingimbiss Schilfhütte.

Campingimbiss Schilfhütte, Seestraße 38 d, 19395 Plau am See, ☏ 03 87 35/458 78, wechselnde Öffnungszeiten

Rechter Hand liegt ein kleiner Badestrand am Seeufer. Eine Hinweistafel am Wegesrand informiert darüber, dass die Landspitze Zuruf vor 100 Jahren eine wichtige Rolle in der Luftfahrtgeschichte spielte, als hier erste Flugversuche mit einem Wasserflugzeug gestartet wurden.

Blick auf Plau

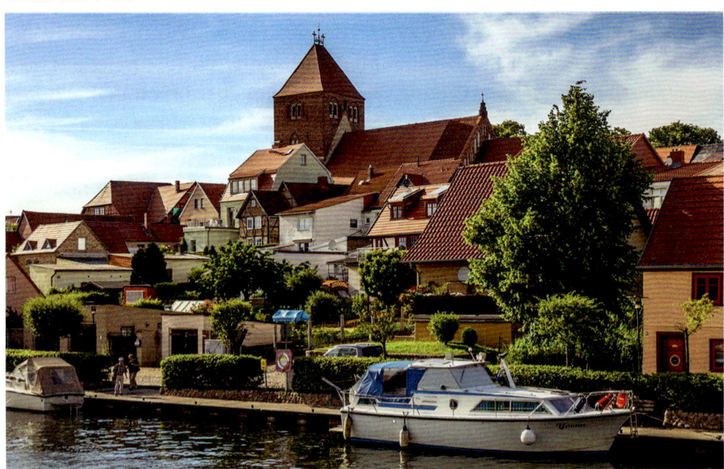

Parseval und sein Amphibien-Flugboot

Inspiriert vom Zeppelin, der 1900 zum ersten Mal in die Luft stieg, entwickelte August Parseval das nach ihm benannte Parseval-Luftschiff. Es beruhte auf dem Ballon-Prinzip und bestand nur aus Hülle, Gurten und Seilen und brauchte im Gegensatz zu den Himmelsriesen, die Graf Zeppelin bauen ließ, keine Metallstreben zur Verstärkung.

Der Luftfahrtpionier Parseval ruhte sich aber nicht auf seinen Erfolgen aus und ließ 1909 auf dem Gelände des heutigen Campingplatzes in Plau eine Fliegerhalle errichten, um ein Wasserflugzeug zu konstruieren. Allerdings zeigten die ersten Flugversuche, dass die Maschine nicht von der Wasseroberfläche abheben konnte. Daraufhin ließ Parseval ein Anlaufgleis in den See bauen, um das Flugzeug auf einem Gleiswagen bis zur Abhebegeschwindigkeit zu beschleunigen.

Am 7. Oktober 1910 war es dann endlich so weit und die Maschine hob erfolgreich ab. Auch wenn bei späteren Flügen Höhen von 75 m sowie Weiten zwischen etwa 3 bis 4 km erreicht werden konnten, stellte Parseval Anfang 1911 seine Versuche ein.

Hinter der Schranke passieren Sie die Wellblechhalle des ehemaligen Sommerkinos am Seeufer und erreichen nach ein paar schönen Gartengrundstücken das ✕ Restaurant Zur Nachtigall.

✕ Zur Nachtigall, Seestraße 15 b, 19395 Plau am See, ☏ 03 87 35/442 33, Fr 17:30-20:30, Sa, So und an Feiertagen 11:30-14:30 und 17:30-20:30, Mo-Do geschlossen

Der Uferweg bleibt weiterhin angenehm schattig und führt beim Strandbad 19395 auf die Seestraße ❺. Die Badestelle lockt mit einer großen Liegewiese, einem kleinen Spielplatz und einem flachen Uferbereich sowie einem ✕ Imbiss. In den Sommermonaten ist ein Rettungsschwimmer anwesend und sorgt für die Sicherheit der Badegäste. Hundebesitzer finden den durch einen separaten Eingang zugänglichen Hundestrand im hinteren Teil des Strandbades. Der große Parkplatz ist zwischen April und September gebührenpflichtig, auch die Übernachtung im Wohnmobil ist gestattet, es gibt aber keinerlei Serviceausstattung.

Imbiss am Strandbad 19395, Seestraße 1 a, 19395 Plau am See, ☏ 01 52/5287 13 62, wechselnde Öffnungszeiten

Für die Fortsetzung der Wanderung wenden Sie sich auf der Seestraße nach rechts und passieren das Strandhotel sowie knapp 300 m weiter die Zufahrt zur Segelschule und gelangen zur Fußgängerampel über die B103.

Strandhotel, Seestraße 6, 19395 Plau am See, ☏ 03 87 35/81 10, Mo-Fr 14:00-22:00, Sa/So 12:00-22:00, Feiertage 12:00-22:00

Auf der gegenüberliegenden Seite laufen Sie beim Autohaus auf die Dammstraße und vorbei an der Jugendherberge. Vor dem ehemaligen Kino biegen Sie dann scharf nach links in den Ziegeleiweg ein und kommen entlang einer Kleingartenkolonie zurück zum Startpunkt.

Burgturm Plau

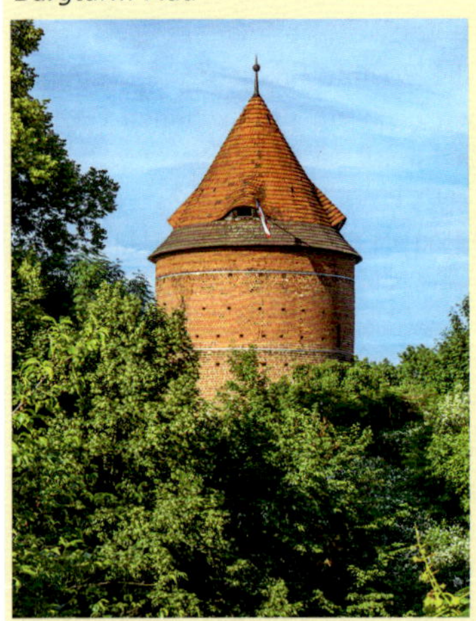

Für den empfehlenswerten Abstecher ins Zentrum von Plau laufen Sie am ehemaligen Kino auf der Dammstraße weiter geradeaus und überqueren auf der historischen Hubbrücke das Flüsschen. Neben dem guten gastronomischen Angebot lohnt ein Besuch des ⌘ Museums am Burgturm. Während sich das Technikmuseum dem Handwerk und der Industrie des 19. Jahrhunderts widmet, begeistert der Burgturm als Teil der mittelalterlichen Wehranlage mit einer intakten Turmuhr aus dem Jahr 1581 sowie einem 11 m tiefen Verlies.

⌘ Museum am Burgturm (mit Technikmuseum), Burgplatz 2, 19395 Plau am See, ☏ 03 87 35/443 75, www.burgmuseum-plau.eu, Ostern-Ende Okt tgl. 10:00-17:00)

② Rund um den Petersdorfer See bei Malchow

Seenrunde für Naturliebhaber

Diese ausgedehnte Rundwanderung führt durch Wälder und über Wiesen einmal um den lang gestreckten Petersdorfer See. Mehrere Einkehrmöglichkeiten und ein schöner Badestrand am Plauer See in Lenz bieten Gelegenheiten zu abwechslungsreichen Wanderpausen und am Ende wartet die Altstadt von Malchow auf eine Entdeckung. Deren idyllische Lage auf einer Insel hat Malchow zum Titel „Perle der Mecklenburgischen Seenplatte“ verholfen.

Start/Ziel: Südufer des Malchower Sees unweit des Klosters, GPS N 53°28.360’ E 012°26.225’

16,5 km

4 Std. 30 Min.

160 m/160 m<

40-70 m

Die vorgestellte Strecke ist nicht als Wanderweg markiert, die Orientierung bereitet aber keine Probleme, da die Wanderung meist in Ufernähe entlangläuft.

überwiegend Wald- und Wiesenwege, kürzere Abschnitte auf Asphalt

breites gastronomisches Angebot zu Beginn und am Ende der Tour in Malchow, Restaurant am Hotel Haus Waldesruh (km 6,6), mehrere Einkehrmöglichkeiten von Imbiss bis Gasthaus in Lenz (km 7,9)

zahlreiche Sitzbänke entlang der Hafenpromenade in Malchow, im Tourenverlauf nur noch vereinzelt Rastmöglichkeiten, Bank-Tisch-Kombination (km 5,2)

Badestelle mit langem Sandstrand am Westufer des Plauer Sees in Lenz (km 7,8)

Aufgrund der Länge ist die Strecke nur für ältere Kinder mit entsprechender Wandererfahrung geeignet. Die große Badewiese in Lenz hilft, die Gute-Laune-Reserve für die zweite Tourenhälfte aufzufüllen.

Die Tour ist grundsätzliche mit einem geländegängigen Kinderwagen machbar, aufgrund der Länge, mehrerer schmaler Abschnitte sowie einiger sandiger Passagen am Ende der Wanderung aber nur bedingt zu empfehlen.

Die Tour ist für Hunde mit ausreichend Kondition gut geeignet. In Lenz gibt es einen Hundestrand.

 Die Regionalbahn RB 15 verbindet Malchow mit Waren (Müritz).

P großer Parkplatz Altstadt-Ost/Stämmenberg am Südufer des Malchower Sees, als alternativer Startpunkt bietet sich Lenz an, auch hier gibt es ausreichend Parkmöglichkeiten, z. B. an der Badestelle, GPS N 53°28.075' E 012°20.894'; Anfahrt zum Start: über die A19 bis zur Ausfahrt Malchow und weiter auf der B192 bis Malchow

Ein guter Ausgangspunkt für diese Wanderung ist der Parkplatz Altstadt-Ost/Stämmenberg südlich der Inselstadt. Vom hinteren Ende des Parkplatzes laufen Sie an dem kleinen Spielplatz vorbei über die Treppenstufen und vor der ✕ Klosterklause nach rechts in Richtung Altstadt.

✕ Klosterklause, Kloster 10, 17213 Malchow, ☏ 03 99 32/73 94 93, tgl. ab 12:00

Am Kreisverkehr vor dem Erddamm, der zu der Inselstadt hinüberführt, halten Sie sich links und folgen dem Uferweg vorbei an zahlreichen Ausflugsschiffen der Blau-Weißen-Flotte zum ✞ Kloster Malchow ❶.

Der Kirchturm der Klosterkirche wurde im 19. Jh. vom Schinkel-Schüler Wilhelm Buttel errichtet und nach einem Brand im neugotischen Stil wiederaufgebaut. Die Klosteranlage, deren historischer Kreuzgang besichtigt werden kann, blickt auf eine ereignisreiche Geschichte zurück und war im 13. Jh. erst ein Standort des Nonnenklosters Röbel/Müritz, dann ein Zisterzienserinnenkloster und diente im 16. Jh. vorrübergehend als Damenstift für junge Adlige. Heute beherbergt das Kloster das ⌘ Mecklenburgische Orgelmuseum und die Klosterkirche dient als Veranstaltungsort für kulturelle Veranstaltungen und Konzerte.

⌘ Mecklenburgisches Orgelmuseum, Kloster 26, 17213 Malchow, ☏ 03 99 32/125 37, Mai-Sep Di-So 10:00-17:00, sonst wechselnde Öffnungszeiten

Sie setzen Ihre Wanderung auf dem Uferweg für rund 800 m fort. Hinter den Bootshäusern bringt Sie eine Linkskurve dann zur B92 hoch. Dort folgen Sie dem Rad- und Fußweg nach rechts.

Sie passieren das Bootshaus Alter Fischerhof mit einem Wohnmobilstellplatz und biegen nach gut 400 m hinter dem Zaun rechts in den

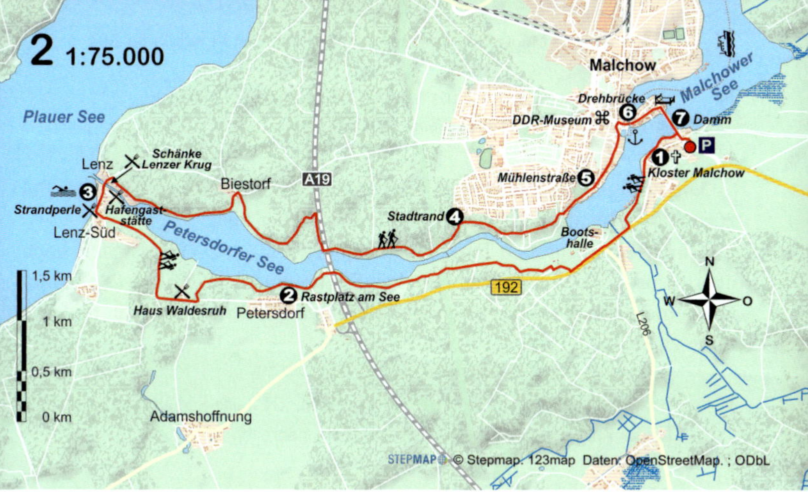

Ziegeleiweg ab. Am Zaun hinter dem letzten Ferienhaus biegen Sie rechts ab und dann sogleich links auf den schmalen Weg, der Sie parallel zum Seeufer am Rand eines Kiefernforstes entlangführt.

Gut 500 m weiter folgen Sie an der Wiese einem breiten Waldweg nach links und laufen nun immer geradeaus in westliche Richtung durch den Wald. Ab und an ist das Trompeten der Kraniche zu vernehmen und nachdem Sie eine Hochspannungsleitung unterquert haben, erreichen Sie die Straßenbrücke der A19.

☝ Im Sommer 2017 wurde die Autobahn saniert und die Baustelle unterhalb der Brücke machte einen langen Schlenker ins Landesinnere erforderlich, um die Wanderung am Seeufer fortsetzen zu können. Die Erneuerung der Petersdorfer Brücke soll erst 2020 beendet sein, sodass bis dahin mit Beeinträchtigungen zu rechnen ist.

Knapp 450 m hinter der Autobahnbrücke lädt eine Tisch-Bank-Kombination zur Rast mit Blick auf den See ein ❷. Der Weg führt weiter durch den Wald und hin und wieder blitzt die Wasseroberfläche zwischen den Stämmen durch. Der Weg entlässt Sie mit einem Schlenker auf eine asphaltierte Straße, der Sie nach rechts zum 🛏 ✕ Hotel/Restaurant Haus Waldesruh folgen.

Haus Waldesruh, Lenzerstraße 19, 17213 Fünfseen, OT Petersdorf, ☏ 03 99 32/10 20, wechselnde Öffnungszeiten

Die Straße führt mit einigen Kurven durch den Wald und dann parallel zum Wasser bis nach Lenz am Ostufer des Plauer Sees.

Hinter einem großen Parkplatz erreichen Sie eine Rastbank hoch über dem Ufer und halten sich rechts. Sie kommen zur großen Badewiese mit dem Imbiss Strandperle ❸. Der Hundestrand ist am hinteren Ende zu finden.

Strandperle, Strandstraße 3, 17213 Fünfseen, OT Lenz-Süd, Kontakt über den Lenzer Krug (☞ S. 33), wechselnde Öffnungszeiten

150 m weiter, vor der blauen Brücke über den Kanal, der den Petersdorfer mit dem Plauer See verbindet, zweigt die Zufahrt zum Lenzer Hafen mit Wohnmobilstellplatz und Hafengaststätte nach rechts ab.

Hafengaststätte, Zum Hafen 1, 17213 Fünfseen, OT Lenz-Süd, ☏ 01 71/401 87 39, wechselnde Öffnungszeiten

Pause am Nordufer des Petersdorfer Sees hinter Lenz

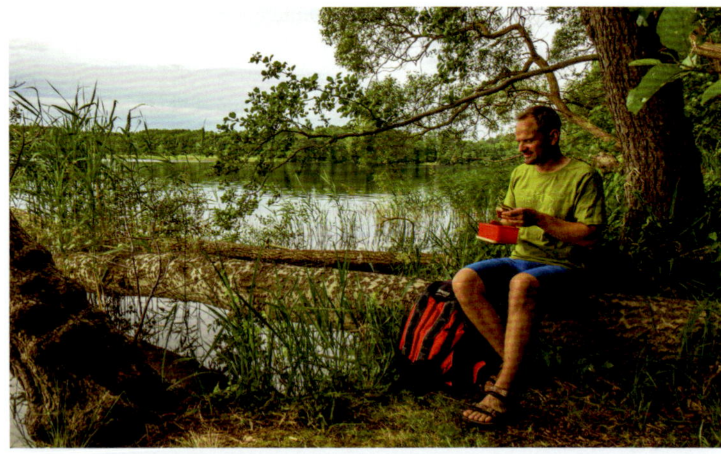

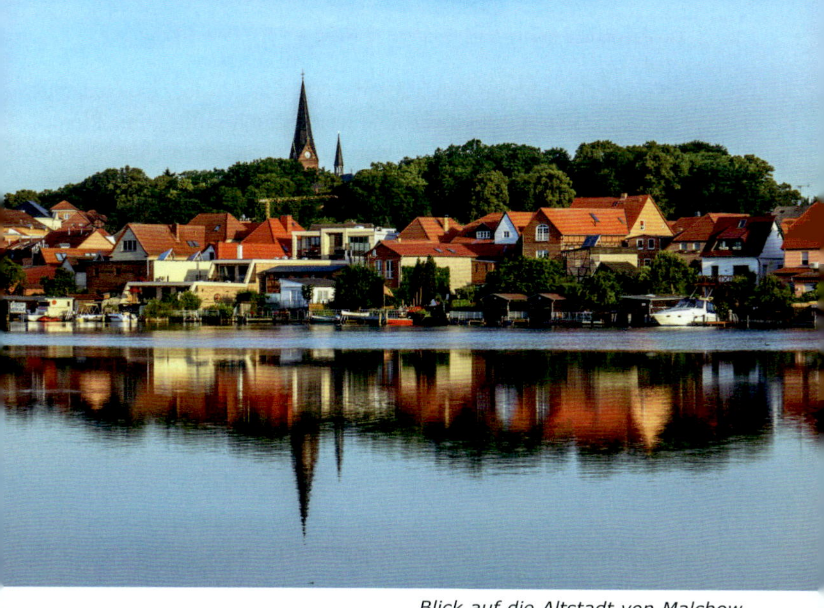

Blick auf die Altstadt von Malchow

Eine weitere Einkehrmöglichkeit bietet direkt hinter der Brücke die 🛏 ✕ Pension und Schänke Lenzer Krug. Von der einladenden Terrasse direkt am Wasser haben Sie die vorbeituckernden kleinen und großen Schiffe gut im Blick.

🛏 ✕ Lenzer Krug, Lenz 1, 17213 Malchow, OT Lenz, ☏ 03 99 32/16 70, im Sommer Di-So 11:30-22:00, Mo Ruhetag, sonst wechselnde Öffnungszeiten

Unmittelbar hinter dem Gasthaus biegen Sie rechts ab und ein Schild weist auf das archäologische Denkmal ♜ Burg Lenz hin, das sich links vom Weg im Wald versteckt. Inzwischen hat sich die Natur das Terrain aber längst zurückerobert und außer ein paar spärlichen Wallresten erinnert nichts mehr an die ehemalige Wallburg, die Mitte des 15. Jh. als Zollstation zwischen dem Plauer und dem Petersdorfer See errichtet wurde.

Sie setzen Ihre Wanderung unter dem Dach der Baumkronen fort und der Weg führt nun immer am Wasser entlang bis zu ein paar Bootshäusern. Anschließend bringt Sie eine Linkskurve zur Straße in Biestorf. Dort wenden Sie sich für ein paar Schritte nach rechts, laufen aber gleich darauf bei der Bushaltestelle wieder rechts und weiter durch saftig-grüne Pferdeweiden. Getrübt wird die Idylle nur durch das Verkehrsrauschen, das die A19 ankündigt.

An der Autobahn gehen Sie rechts und dann durch die Unterführung der Autobahn.

☝ Auch das Nordufer unter der Brücke war im Sommer 2017 für Wanderer gesperrt und bis zum Abschluss der Bauarbeiten müssen Sie an der Autobahn zunächst nach links und parallel zur Fahrbahn landeinwärts laufen, um durch die Unterführung der Straße zwischen Malchow und Biestorf auf die gegenüberliegende Seite zu gelangen. Dort geht es nach rechts über einen zerfurchten Waldweg parallel zur Autobahn zurück ans Seeufer.

Der Weg am Ufer führt durch einen grünen Baumtunnel bis an den westlichen Stadtrand von Malchow ❹. Hier wandern Sie auf einem schmalen, sandigen Weg am Waldrand weiter. Auch am Grundstück mit der graffitiübersäten Mauer laufen Sie geradeaus weiter.

Nach rund 450 m laufen Sie vor den Wochenendhäusern am Seeufer nach links und am Ende des Weges weiter geradeaus auf der Mühlenstraße ❺ Richtung Ortsmitte. Sie erreichen die T-Kreuzung mit der Kirchenstraße. Linker Hand liegen in kurzem Abstand voneinander die ✞ Stadtkirche und das ⌘ DDR-Museum.

⌘ DDR-Museum, Kirchenstraße 25, 17213 Malchow, ☏ 03 99 32/180 00, ❐ April/Okt Di-So 10:00-16:00, Mai-Sep Di-So 10:00-17:00, Nov/Dez Sa/So 11:00-15:00

Für den Rückweg zum Startpunkt wenden Sie sich nach rechts und überqueren die historische Drehbrücke ❻, die sich zu jeder vollen Stunde öffnet und als ⌘ technisches Denkmal die Schaulustigen anlockt.

Die Brücke führt Sie auf die Altstadtinsel hinüber. Die historischen Gebäude wurden nach der Wende umfassend saniert und präsentieren sich in neuem Glanz. Nachdem Sie das Fachwerkrathaus im klassizistischen Stil hinter sich gelassen haben, biegen Sie vor dem 🛏 Hotel Inselhof nach rechts ab und kommen über den aufgeschütteten Damm ❼ zurück zum Parkplatz.

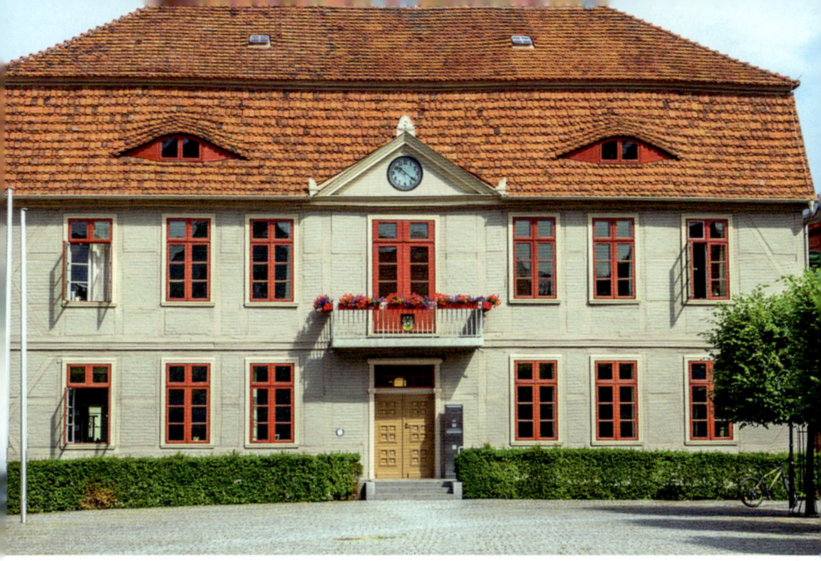

Rathaus Malchow

Die Drehbrücke Malchow

Die Malchower Drehbrücke verbindet die historische Altstadtinsel mit dem Festland und gewährt jährlich etwa 20.000 Schiffen auf der Müritz-Elde-Wasserstraße die Durchfahrt. Als Mitte des 19. Jahrhunderts der Erddamm aufgeschüttet wurde, um die Insel an das Festland anzubinden, musste zunächst eine Hubbrücke her, damit die Schifffahrt nicht beeinträchtigt wurde.

Sie wurde 1863 durch eine hölzerne Drehbrücke ersetzt, die aber dem durch die Industrialisierung stetig steigenden Verkehrsaufkommen nicht gewachsen war. So wurde sie 1912 von einer imposanten Stahlkonstruktion abgelöst, die genug Platz bot, dass zwei Pferdefuhrwerke nebeneinander ungehindert passieren konnten.

Nach der Zerstörung der Brücke gegen Ende des Zweiten Weltkriegs erhielt der 1948/1949 errichtete Neubau erstmalig einen Elektromotor. Dieser verrichtete bis 1980 seinen Dienst, bevor die Brücke für 10 Jahre stillgelegt wurde und 1991 nach dreijähriger Bauzeit eine neue Brücke dem Verkehr übergeben werden konnte. Das aktuelle, etwa 15 m lange Bauwerk stammt aus dem Jahre 2014.

❸ Schloss Varchentin

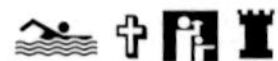

Wanderung für Badenixen und Liebhaber von Geisterschlössern

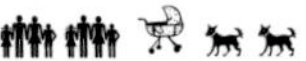

Rund 20 km nordöstlich von Waren (Müritz) thront das verwitterte Schloss Varchentin inmitten einer weitläufigen Parklandschaft auf einem Hügel über dem See. Es markiert den Auftakt zu einer kurzweiligen Rundwanderung durch eine ruhige Landschaft, an deren Start bzw. Ende sich auch eine schöne Badestelle befindet.

Start/Ziel: Badestelle am Südostufer des Kleinen Varchentiner Sees, GPS N 53°34.669' E 012°51.170'

8 km

2 Std.

50 m/50 m

25-60 m

Die vorgestellte Strecke ist nicht durchgehend markiert.

unbefestigte Feldwege und asphaltierte Straßen

Es gibt entlang der Strecke keine Einkehrmöglichkeit.

keine Sitzgelegenheiten an der Strecke

Badestelle am Varchentiner See (km 0/km 8)

Der knapp 3 km lange Straßenabschnitt im Mittelteil der Wanderung im Bereich der Siedlung Sorgenlos ist zwar nur schwach befahren, aber wenn der landwirtschaftliche Verkehr anrollt, wird es eng. Daher ist die Tour nur für ältere Kinder geeignet. Mit kleineren Kindern sollten Sie sich auf kürzere Spaziergänge durch den Lenné-Park beschränken. Die Badestelle ist natürlich für alle Altersstufen ein Highlight.

Die Wanderung ist für geländegängige Kinderwagen zwar geeignet, wird aber durch einige schmalere Abschnitte über Pfade und einige sandige Passagen zum Schluss der Tour erschwert.

Die Tour ist gut für Hunde geeignet, denn entlang der Straße kann problemlos auf den angrenzenden Grünstreifen ausgewichen werden.

Der Ausgangspunkt der Wanderung ist nur mit dem eigenen Pkw zu erreichen.

Waldparkplatz an der Badestelle; alternativ kann die Wanderung an der Kirche in Varchentin begonnen werden, wo einige Parkplätze zu finden sind, GPS N 53°35.184' E 012°51.281'. Anfahrt zum Start: aus Waren (Müritz) auf der B192 und B194

Richtung Reuterstadt-Stavenhagen, rund 5 km hinter Groß Plasten dann links ab Richtung Varchentin und vor dem Schloss auf unbefestigtem Weg nach links bis zur Badestelle

Von der Badestelle folgen Sie dem Wegweiser „Lenné-Park" auf einen Waldweg parallel zum Seeufer und halten sich nach etwa 250 m an der Gabelung rechts. Der denkmalgeschützte Landschaftspark erstreckt sich über etwa 240.000 m^2 und wurde von Peter Joseph Lenné nach englischem Vorbild entworfen.

Knapp 400 m weiter treffen Sie vor einem ersten Wirtschaftsgebäude auf die Dorfstraße, wenden sich nach links und stehen vor Schloss Varchentin ❶. Die Gutsanlage wurde 1847 durch den Architekten Auguste de Meuron im Tudorstil für einen Hamburger Bankier errichtet und umfasst insgesamt sechs Gebäude.

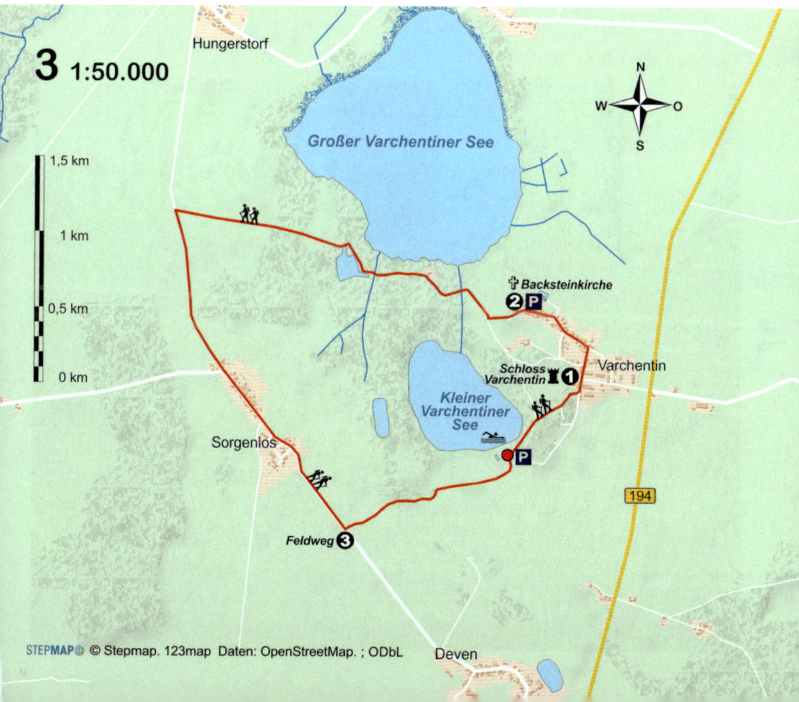

Nachdem mehrere Investoren an dem Vorhaben, das marode Schloss zu sanieren, gescheitert sind, hat es sich der Verein „Varchentiner Schloss e. V." seit Kurzem zur Aufgabe gemacht, den altehrwürdigen Gemäuern neues Leben einzuhauchen. Bis es so weit ist, wird aber sicher noch einige Zeit vergehen.

Sie laufen auf der Schlossstraße weiter und biegen dann an deren Ende an der T-Kreuzung nach links auf die Straße Zum Großen See. Diese bringt Sie zur ✝ Backsteinkirche aus dem 13. Jh. ❷. Der quadratische, hölzerne Westturm wurde erst im 19. Jh. angebaut.

200 m hinter der Kirche erreichen Sie eine Kreuzung.

↳ Ein Wegweiser nach links zeigt zurück in Richtung Lenné-Park. Archäologisch Interessierte finden auf einer kleinen Halbinsel am nördlichen Seeufer eine alte slawische Burganlage, alle anderen entdecken trotz der aufgestellten Infotafeln nicht mehr als ein paar Erdhügel.

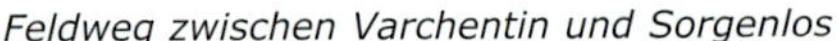

Feldweg zwischen Varchentin und Sorgenlos

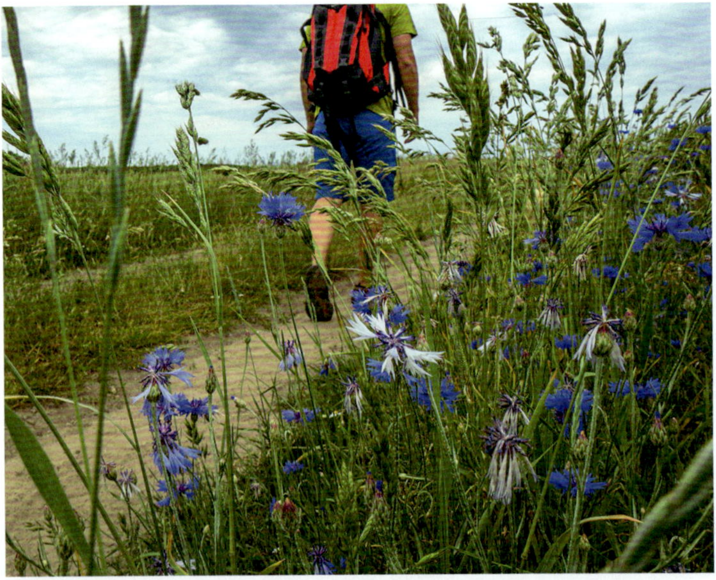

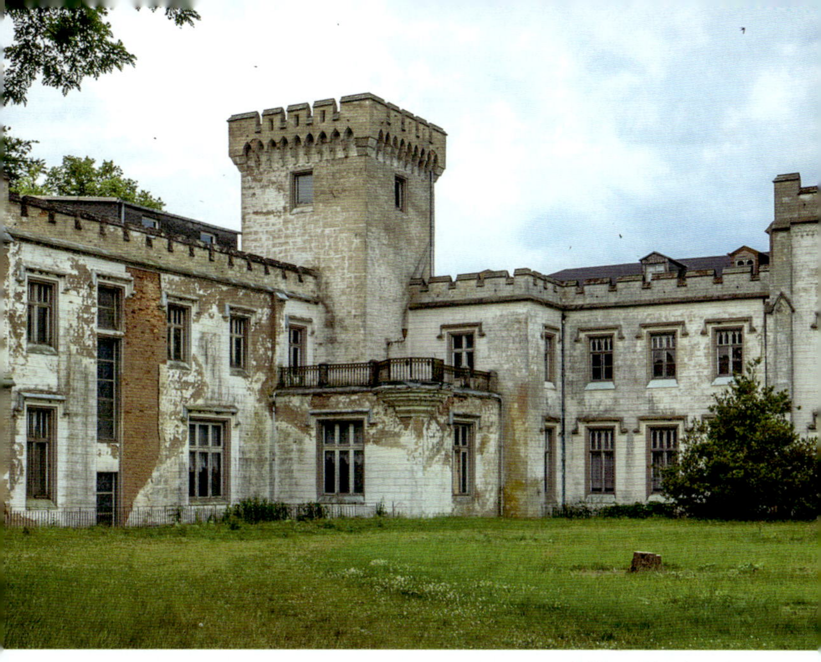

Schloss Varchentin

Für die Fortsetzung der Rundwanderung folgen Sie an der erwähnten Kreuzung hinter der Kirche den Radwegweisern in Richtung Hungersdorf/Sorgenlos und die Dorfidylle ist perfekt. Ein paar Hühner laufen hier manchmal gackernd über die Straße und auf den Feldern liegen Heuballen in der Sonne.

Sie passieren eine Brücke über einen schmalen Verbindungskanal zwischen den beiden Varchentiner Seen. Der Feldweg wird zu einer grasüberwachsenen Piste. Diese führt an einem idyllischen Waldsee entlang, über einen kleinen Wiesenhügel und durch ein kurzes Waldstück wieder auf einen Feldweg.

Dieser entlässt Sie nach knapp 700 m auf eine Landstraße, auf der Sie sich nach links wenden und durch die Siedlung Sorgenlos wandern. Rund 500 m hinter dem Ortsausgang biegen Sie nach links auf den Feldweg ❸ ab, der Sie leicht bergab zurück zur Badestelle am Südufer des Kleinen Varchentiner Sees führt.

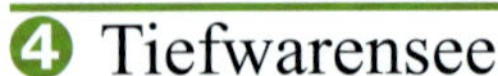

Unkomplizierter Seerundgang für Familien und Hundebesitzer

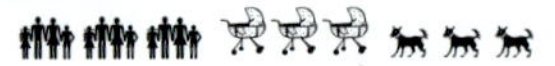

Diese einfache Wanderung führt vom Marktplatz im Stadtzentrum von Waren (Müritz) schon nach wenigen Schritten in die malerische Umgebung nördlich des Zentrums. Auf einem ruhigen Uferweg geht es einmal rund um den etwa 2,7 km langen und bis zu 700 m breiten Tiefwarensee, der ein glazialer Rinnensee ist, den die Schmelzwässer unter den Gletschern der letzten Eiszeit ausgewaschen haben.

- Start/Ziel: Innenstadt von Waren (Müritz), GPS N 53°30.811' E 012°41.670'
- 10,6 km
- 2 Std. 45 Min.
- 100 m/100 m
- 60-75 m
- Die vorgestellte Route ist durchgehend als Radwanderweg Tiefwarensee beschildert. Zusätzlich ist die Strecke als Eiszeitlehrpfad ausgewiesen und informiert mit mehreren Schautafeln über die Entstehung der Landschaft und geologische Besonderheiten am Wegesrand.
- überwiegend naturbelassener Uferweg, kürzere Abschnitte auf Asphalt
- breites gastronomisches Angebot im Zentrum von Waren (Müritz) zu Beginn und am Ende der Tour, auf der Strecke Abstecher bei km 3,3 zum Restaurant Paulshöhe möglich
- Bänke in regelmäßigen Abständen im gesamten Streckenverlauf, Rastplatz am Ratskamp (km 5,1)
- Supermarkt am Neuen Markt im Zentrum von Waren (Müritz) (km 0,5/km 10,1)
- Badestelle Schwalbenberg mit kleinem Strand und Liegewiese (km 7,2)
- Die Strecke ist abgesehen vom kurzen Stück durch das Stadtzentrum durchgehend autofrei und durch die Nähe zum Wasser kommt unterwegs keine Langeweile auf.
- Die Strecke ist durchgängig mit dem Kinderwagen befahrbar.
- Die Tour ist hervorragend für Hunde geeignet. Die Tour verläuft mit Ausnahme des Innenstadtbereichs zu Beginn und am Ende überwiegend auf verkehrsfreien Uferwegen, sodass sich die Vierbeiner frei bewegen und immer wieder ins Wasser flitzen können.

 Waren (Müritz) liegt an der Bahnstrecke Berlin – Rostock.

P Die Parkgebühr für den Parkplatz auf dem Gelände des Blumenhauses beträgt € 4/Tag (bzw. € 9,50 für die Übernachtung im Wohnmobil). Auch die übrigen Parkplätze im Bereich der Warener Innenstadt sind kostenpflichtig. Kostenlos, allerdings mit einer zeitlichen Beschränkung auf eine maximale Parkdauer von 3 Std., sind die Parkplätze am Tiefwarensee (GPS N 53°30.982' E 012°41.238') sowie am Friedhof Ecke Schützenstraße/Werderweg (GPS N 53°30.900' E 012°41.653'). Anfahrt zum Start: über die A19 bis zur Ausfahrt 17 Waren (Müritz) und für 25 km auf der B192 weiter bis Waren (Müritz)

Überqueren Sie den Parkplatz vom Blumengeschäft in Richtung B192 und laufen Sie davor nach links in Richtung Innenstadt. An der Fußgängerampel überqueren Sie die Mecklenburger Straße.

Anschließend laufen Sie auf der Langen Straße zum Neuen Markt ❶. Der zentrale Platz wird von schönen Fachwerkhäusern umringt. Besonders hübsch ist die alte Löwenapotheke von 1623 mit dem i Waren-(Müritz)

Lange Straße in Waren (Fußgängerzone)

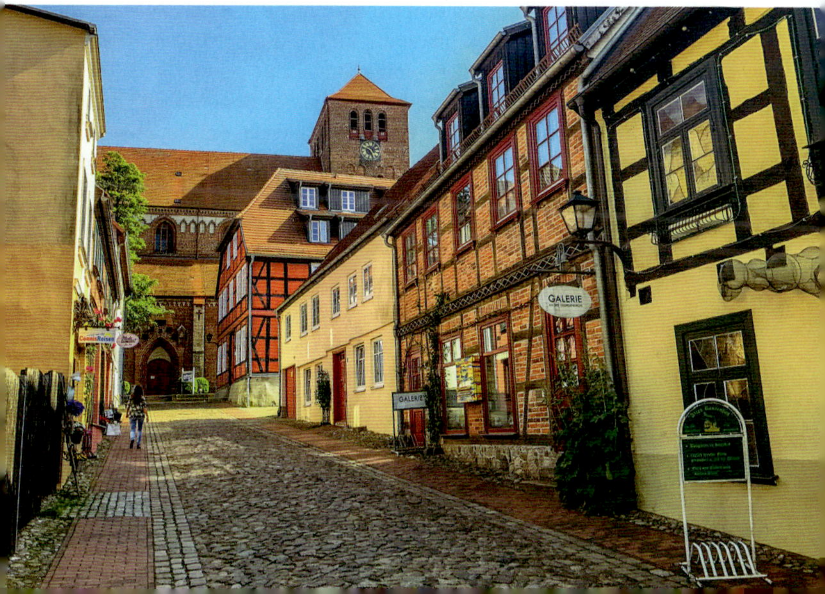

Information nebenan. Neben der Tourist-Information bietet ein kleiner Supermarkt die Möglichkeit, für die Wanderung aufzustocken. Ein Hingucker ist auch das Rathaus im Stil der Tudorgotik.

Waren-(Müritz)-Information, Neuer Markt 21, 17192 Waren (Müritz), ☏ 039 91/74 77 90, www.waren-tourismus.de, Juli-Aug 9:00-19:00, Mai-Juni, Sep 9:00-18:00, Okt-Apr Mo-Fr 9:00-18:00, Sa 10:00-15:00

kleiner Supermarkt, Neuer Markt 23, 17192 Waren (Müritz), ☏ 039 91/66 33 06, Mo-Sa 8:00-19:00

Anschließend folgen Sie der Fußgängerzone geradeaus an den üblichen Ladenketten, Restaurants, Cafés und Touristenläden vorbei. Am Ende der Langen Straße biegen Sie bei der ✕ Pizzeria nach rechts in die Friedensstraße ab und folgen dem Wegweiser „Tiefwarensee".

✕ Pizzeria Etna, Mühlenstraße 2, 17192 Waren (Müritz), ☏ 039 91/66 47 66, Mi-Fr, So/Mo 12:00-14:00 und 17:00-22:00, Sa 17:00-22:00, Di Ruhetag

Hinter den beiden Unterführungen, erst unter der B192 sowie anschließend unter den Bahngleisen hindurch, biegen Sie am Richard-Wossidlo-Gymnasium rechts in die gleichnamige Straße ab.

Diese führt Sie in einer Kurve bergan zum Botanischen Garten vor dem Hotel am Tiefwarensee ❷. In dem kleinen Schaugarten, der auf einer Landzunge in der südlichen Bucht des Tiefwarensees liegt, gibt es einen Staudengarten, einen Heidegarten sowie einen asiatischen Zen-Garten zu sehen. In den vier Treibhäusern wachsen Kakteen, Orchideen und andere tropische Pflanzen.

Botanischer Garten, Richard-Wossidlo-Straße 7 a, 17192 Waren (Müritz), ☏ 039 91/12 56 41, www.schaugarten-am-tiefwarensee.de, April-Sep tgl. 10:00-17:00, Okt-März tgl. 10:00-16:00

Hier biegen Sie auf den Weg nach links und halten sich dann vor der Freilichtbühne rechts. In den Sommermonaten von etwa Mitte Juli bis Anfang September wird die Naturbühne zum Schauplatz der Müritz-Saga. Die seit 2006 aufgeführten Theaterstücke nehmen die Zuschauer unter

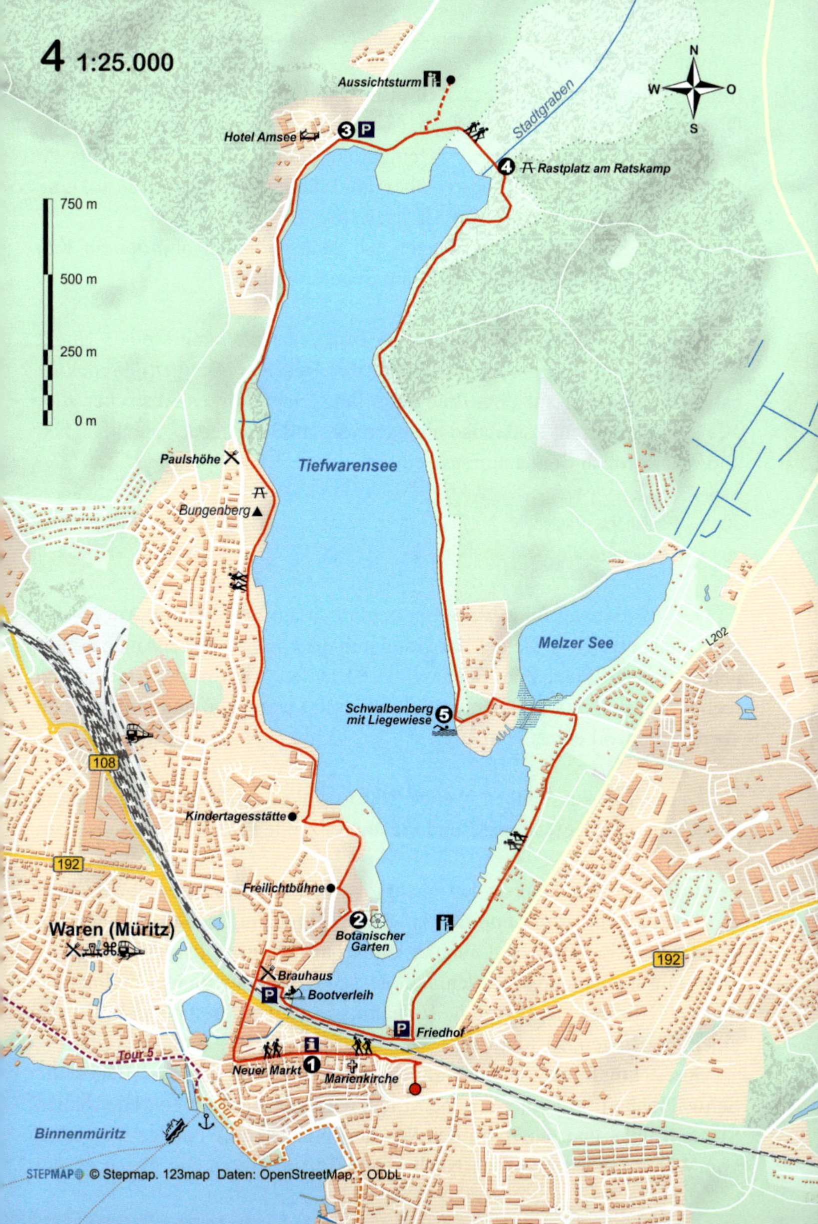

4 1:25.000
N
W
O
S
750 m
500 m
250 m
0 m
Aussichtsturm
Hotel Amsee
3
4
Rastplatz am Ratskamp
Stadtgraben
Paulshöhe
Bungenberg
Tiefwarensee
Melzer See
L202
Schwalbenberg mit Liegewiese
5
Kindertagesstätte
Freilichtbühne
2
Botanischer Garten
108
192
Waren (Müritz)
Brauhaus
Bootverleih
Friedhof
Tour 5
Neuer Markt
1
Marienkirche
Tour 8
Binnenmüritz
STEPMAP © Stepmap. 123map Daten: OpenStreetMap - ODbL

freiem Himmel mit zu einer Zeitreise in das Mecklenburg zur Zeit des Dreißigjährigen Krieges im 17. Jh. (💻 www.mueritz-saga.de).

Nun laufen Sie, mit einer Kleingartenkolonie am Seeufer rechts zu Ihren Füßen, in einer Linkskurve über den Mühlenberg und treffen auf eine breite, unbefestigte Straße, der Sie nach links folgen.

Vor der Kindertagesstätte biegen Sie nach rechts ab und der für Kfz gesperrte Weg verläuft bald direkt am Seeufer entlang.

↳ An der Sitzbank hinter dem Bungenberg, einem kleinen Hügel am Seeufer, auf dem die Fischer früher ihre Reusen (=Bungen) getrocknet haben, können Sie auf dem Pfad nach links einen kurzen Abstecher zum ✕ Hotel/Restaurant Paulshöhe einlegen, das mit hausgebackenem Kuchen und einer großen Sonnenterrasse einlädt.

✕ Paulshöhe, Paulshöhe 2, 17192 Waren (Müritz), ☏ 039 91/171 40, wechselnde Öffnungszeiten

Der Wanderweg führt weiterhin gemütlich am See entlang. Am nördlichen Ende erreichen Sie das Hotel und die Klinik Amsee. An dem kleinen Parkplatz hinter dem Seepavillon ❸ laufen Sie von der Straße nach rechts runter. Der Weg überquert eine kleine Landzunge und entfernt sich vorrübergehend etwas vom Ufer.

↳ Der Aussichtsturm etwa 200 m links vom Weg eröffnet einen Blick über den Tiefwarensee und die angrenzende Endmoränenlandschaft.

Hinter der Brücke über den Stadtgraben erreichen Sie den überdachten Rastplatz am Ratskamp ❹. An der Wegkreuzung nebenan halten Sie sich rechts. Vor Ihnen liegt nun der landschaftlich reizvollste Abschnitt der Tour. Die sogenannte Wolfsschlucht ist Teil einer eiszeitlichen Endmoräne und ragt (für mecklenburgische Verhältnisse) steil auf und beeindruckt mit einem herrlichen Buchenwald.

Gut 2 km hinter dem erwähnten Rastplatz lädt die Badestelle Schwalbenberg mit einer schönen Liegewiese ❺ zur Rast ein. Hier halten Sie sich links und laufen an den Wochenendhäusern als ersten Vorposten von Waren (Müritz) vorbei. Nach knapp 150 m laufen Sie gleich an der ersten Kreuzung mit einer Übersichtskarte zu den Rad- und Wanderwegen nach rechts weiter.

Nachdem die Brücke über einen Verbindungskanal zwischen Tiefwarensee und Melzersee überquert ist, biegen Sie rechts auf den Werderweg und laufen oberhalb der Grundstückszäune weiter.

Es wird immer städtischer und mehrere Balkone auf dem Steilufer bieten einen prächtigen Blick über den Tiefwarensee. Schließlich erreichen Sie den Parkplatz am Friedhof und laufen nach rechts auf der zum Fitnessparcours ausgebauten Promenade, die an der südlichen Bucht des Tiefwarensees parallel zu den Bahngleisen verläuft, weiter.

Hinter dem Bootsverleih, der zum Schluss der Tour die Möglichkeit bietet, die herrliche Natur des Sees mit Tret- oder Ruderboot vom Wasser aus zu erkunden, laufen Sie über den Parkplatz weiter und erreichen beim Brauhaus die vom Hinweg bekannte Strecke.

Pausenbank am Tiefwarensee

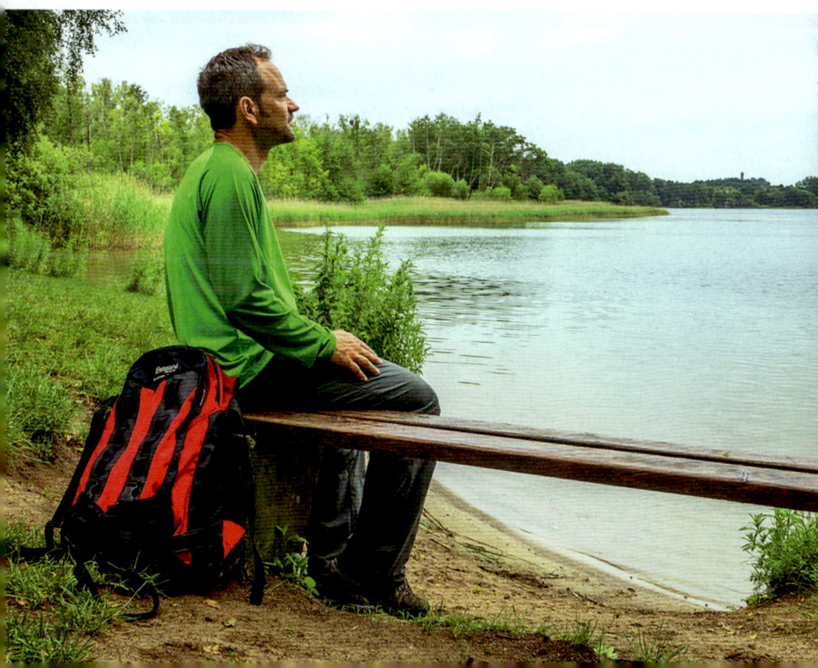

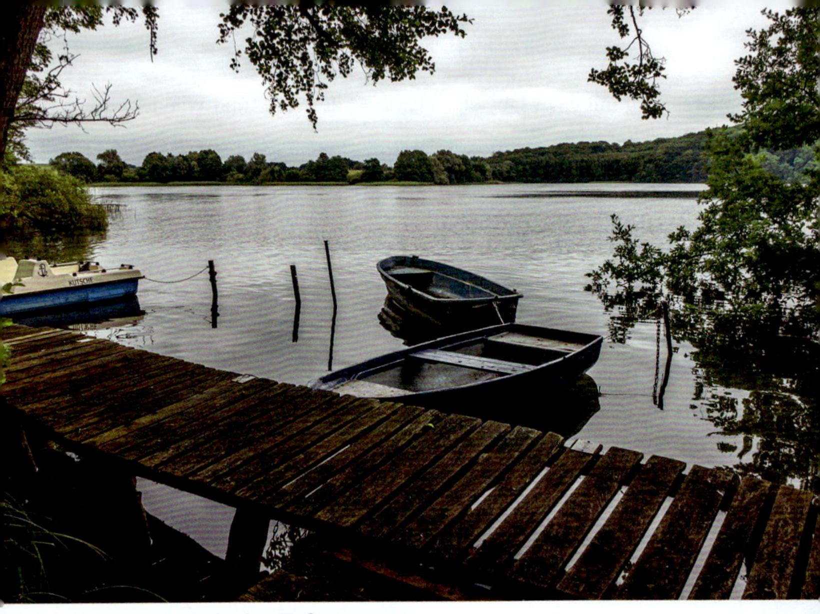

Nördliches Ende des Tiefwarensees

Bootsverleih (von der Drachenbootabteilung („Team Freibeuter") des ESV Waren betrieben), Am Tiefwarensee 1, 17192 Waren (Müritz), ☎ 039 91/622 70, www.freibeuter-waren.de, im Sommer tgl. 8:00-18:00

✕ Brauhaus, Am Tiefwarensee 1, 17192 Waren (Müritz), ☎ 039 91/18 15 40, tgl. 12:00-22:00

Hier wenden Sie sich nach links, laufen durch die Unterführungen von der Bahnstrecke und Bundesstraße und gelangen auf dem bekannten Weg durch die Fußgängerzone zurück.

☺ Vom Neuen Markt lohnt sich ein Besuch der in einer Nebenstraße gelegenen ✝ Marienkirche. Der Ausblick vom Turm über Stadt und Umgebung ist phänomenal.

5 Westufer der Müritz

Spaziergang in Kombination mit einem Schiffsausflug für Naturfreunde

In dem Dörfchen Klink am Westufer der Müritz beginnt eine schöne Wanderung auf dem Uferweg mit viel Wald und weiten Blicken über das Wasser in Richtung Waren (Müritz). Der Rückweg lässt sich per Ausflugsdampfer antreten und Badebegeisterte finden unterwegs zahlreiche Möglichkeiten, um in das kühle Nass einzutauchen.

→ Start: Klink am Westufer der Müritz, GPS N 53°28.849' E 012°37.429'; Ziel: Schiffsanlegestelle Steinmole in Waren (Müritz), GPS N 53°30.799' E 012°40.995'

9,8 km

2 Std. 30 Min.

↑↓ 60 m/60 m

⇧ 60-75 m

Die vorgestellte Route ist durchgehend als Radweg Müritz-Rundweg markiert.

überwiegend naturbelassener Uferweg, im Stadtgebiet von Waren (Müritz) Bürgersteige

Restaurant Strandläufer am Strand der Klinik Klink (km 1,1), Restaurant und Imbiss am Campingplatz Kamerun (km 6,7), Restaurant/Café Zum Klönpott am Kletterwald (km 7,7), Restaurant Zum Strandkorb am Volksbad in Waren (Müritz) (km 8,4), breites gastronomisches Angebot im Stadtzentrum von Waren (Müritz)

unterwegs Sitzbänke und Rastplätze auf der gesamten Strecke

kleiner SB-Laden am Campingplatz Kamerun (km 6,7), Supermärkte in der Innenstadt von Waren (Müritz)

Badestrand am Schloss Klink (km 0), an der Klinik Klink (km 1,1) und am Campingplatz Kamerun (km 6,7), Volksbad in Waren (Müritz) (km 8,4)

Die Wanderung ist gut für Kinder geeignet und bietet mit den zahlreichen Badestellen, mehreren Spielplätzen und dem Kletterpark einige schöne Zwischenziele. Am Ende warten auf Sie mit dem Müritzeum ein spannendes Museum und die Bootsfahrt zurück nach Klink. Für genügend Abwechslung ist also gesorgt.

Die Wege sind durchgehend für Kinderwagen geeignet. Lediglich im Waldstück am Behrenswerder ist ein recht steiler, allerdings nur kurzer Anstieg zu bewältigen.

Durch den ruhigen Wegverlauf und die ständige Nähe zum Wasser eignet sich die Strecke gut für Wanderungen mit Hund.

Zwischen Waren (Müritz) und Klink (Haltestelle „Klink-Dorf") besteht eine gute, regelmäßige Busverbindung (dat Bus Linie 11, Mo-Fr tagsüber stündlich, ☏ 039 91/64 50 💻 www.mvvg-bus.de).

Waren (Müritz) liegt an der Bahnstrecke Berlin–Rostock.

Die Fahrgastschiffe der Weissen Flotte oder der Blau-Weissen-Flotte fahren zwischen Ende April und Anfang Oktober täglich mehrmals zwischen Klink und Waren (Müritz) (einfache Fahrt ca. € 5, Fahrtzeit ca. 20 Min.);
Weisse Flotte: ☏ 039 91/12 26 68, 💻 www.weisse-flotte-mueritz.de;
Blau-Weisse-Flotte: ☏ 039 91/66 30 34, 💻 www.blau-weisse-flotte.de

P Sowohl die Parkplätze in Klink (GPS N 53°28.849' E 12°37.429') wie auch in Waren (Müritz) (GPS N 53°30.934' E 12°40.895') sind gebührenpflichtig. Daher können Sie je nach Vorliebe entweder in Klink oder Waren (Müritz) parken und dann vor bzw. nach der Wanderung mit dem Bus oder Schiff nach Klink fahren. Anfahrt zum Start: über die B192 aus Waren (Müritz) nach Klink

Von Anfang Oktober bis Ende April verkehrt an Wochenende weder der Bus noch ein Schiff. Zurück zum Ausgangspunkt müssen Sie auf dem bekannten Weg wieder zurücklaufen.

Stadthafen Waren

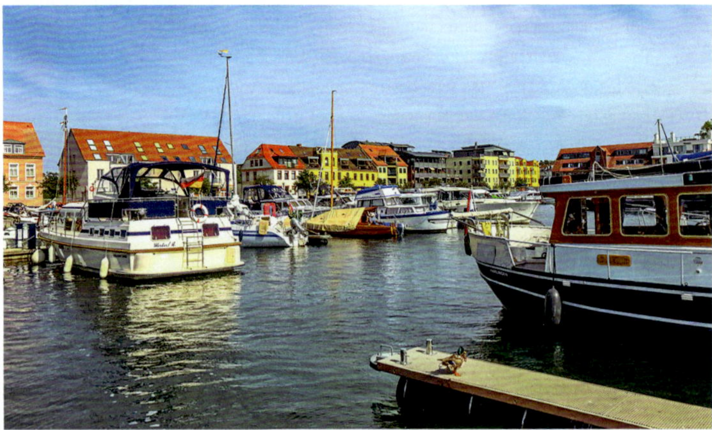

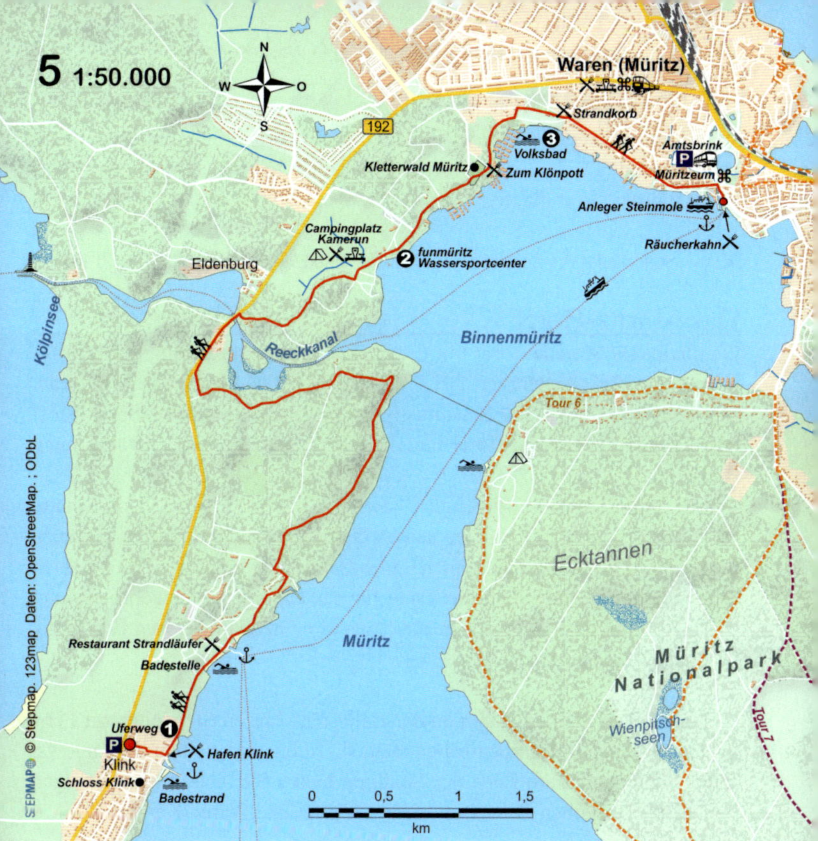

Vom Parkplatz in Klink starten Sie auf der Hafenstraße in Richtung Seeufer und biegen vor dem Hafen Klink mit dem ✗ Restaurant Hafenidyll nach links auf den Uferweg ❶ ab.

✗ Hafenidyll, Hafenstraße 6, 17192 Klink, ☏ 03 99 31/83 98 91, Öffnungszeiten: März-Okt, wechselnde Öffnungszeiten je nach Witterung

Anschließend passieren Sie den Sportplatz und laufen mit schönen Ausblicken über den See immer am Ufer entlang.

Etwa 700 m hinter dem Sportplatz erreichen Sie den breiten Badestrand mit kleinem Kinderspielplatz, Strandkorbverleih und separatem Hundestrand an der Klinik Klink. Für das leibliche Wohl sorgt das Restaurant Strandläufer.

Strandläufer, Am Seeblick 2, 17192 Klink, ☏ 039 91/74 05 80, tgl. 10:00-19:00

Das Müritz-Hotel

Oberhalb des Strandes ging mit der spektakulären Sprengung des Müritz-Hotels am 28. September 2017 ein Stück DDR-Geschichte zu Ende. Begleitet von über 1.000 Schaulustigen verwandelten 380 kg Sprengstoff das einstige 800-Betten-Hotel innerhalb von Sekunden in 20.000 Tonnen Bauschutt.

Der imposante, dreiflügelige Plattenbau mit zehn Stockwerken hatte 1974 nach fünfjähriger Bauzeit seinen Betrieb aufgenommen. Es zählte zu den größten FDGB-Ferienheimen und war eines der bekanntesten Hotels in Ostdeutschland. 2015 kam das Ende für das einstige Vorzeigeprojekt und das Hotel musste Platz machen für einen Hotelneubau. Dessen Eröffnung ist für 2020 anvisiert.

Hinter dem kleinen Hafen an der Badestelle laufen Sie weiter zur Ferienhaussiedlung mit farbenfrohen blauen, roten und gelben Bungalows. Beim Schlagbaum am Ende der Siedlung halten Sie sich links und folgen beim letzten, gelben Bungalow dem Wegweiser „Waren/Kamerun" nach rechts.

Vor Ihnen liegt nun das wildromantische Waldstück Behrenswerder. Die Baumkronen des Mischwalds aus Birken und Eichen lassen genug Licht für einen üppig grünen Unterwuchs aus hohem Farn durch. Nach gut 1,5 km geht es am Ende einer Landzunge in einer engen Kehre bergan.

An der nach knapp 400 m folgenden T-Kreuzung laufen Sie nach links und 75 m später beim Rastplatz im Wald nach rechts weiter. Der Weg trifft auf eine breite Forstpiste, der Sie immer geradeaus folgen, um das sumpfige Gelände am Ufer des Reeckkanals zu überqueren.

Bevor die B192 erreicht ist, biegen Sie nach rechts auf den Waldweg ab, der am Ende als schmaler Pfad neben den Leitplanken der Straße weiterführt. Unmittelbar hinter der Brücke über den Reeckkanal – eine schiffbare

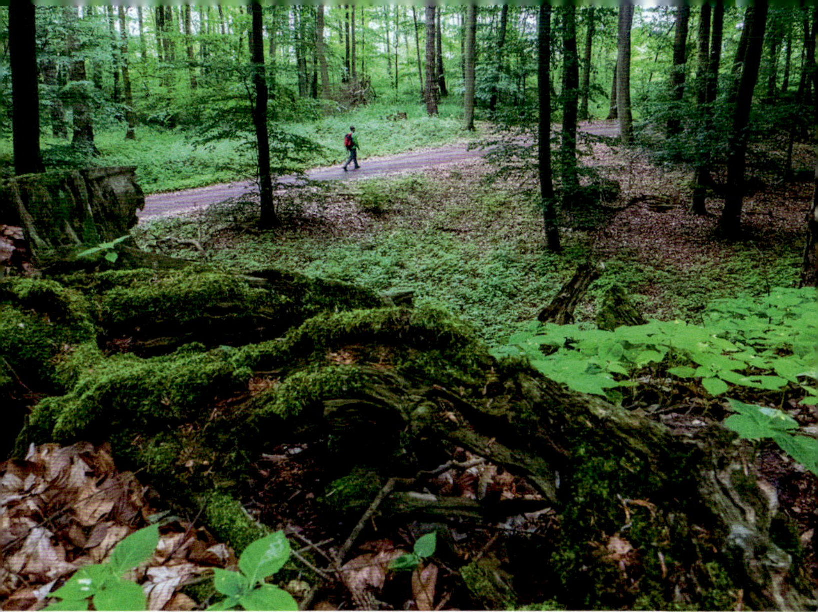

Waldgebiet vor dem Campingplatz Kamerun

Verbindung zwischen Müritz und Kölpinsee – kehren Sie der Straße nach rechts den Rücken und laufen in einer Linkskurve weiter.

An der Gabelung hinter der nächsten Picknickbank nehmen Sie den linken Abzweig. Der Weg ist recht schmal und mit einem Kinderwagen laufen Sie hier besser geradeaus weiter und biegen an der nächsten Kreuzung links ab. In beiden Fällen erreichen Sie kurz darauf den ⛺ Campingplatz Kamerun und wenden sich hinter dem Zaun nach links, um das Campingplatzgelände zu überqueren. Während der Saison bietet der kleine SB-Laden am Campingplatz eine Gelegenheit, den Proviant aufzustocken.

SB-Laden, Zur stillen Bucht 3, 17192 Waren (Müritz), ☎ 039 91/122 06, wechselnde Öffnungszeiten

Hinter dem ✕ Imbiss, aber vor der Wohnmobilwiese halten Sie sich bei dem gelben Gebäude (Entsorgungsstation für Wohnmobile) rechts und laufen am Zaun entlang am Bootsverleih funmüritz Wassersportcenter ❷ vorbei.

Imbiss auf dem Campingplatz Kamerun, Zur stillen Bucht 3, 17192 Waren (Müritz), ☏ 039 91/122 06, wechselnde Öffnungszeiten

Bootsverleih funmüritz Wassersportcenter, Zur Stillen Bucht 3, 17192 Waren (Müritz), ☏ 01 57/76 08 08 74 www.fun-mueritz.de, 10:00-18:00

Der Uferweg führt Sie hinter dem Campingplatz bald zum nächsten Wassersportverein und weiter zum Warener Hochseilgarten. Auf dem 3 ha großen Waldgelände kann die ganze Familie von Jung (Mindestgröße: 1,25 m) bis Alt ihre Kletterkünste auf 9 Parcours mit zusammen über 100 Kletterelementen in einer Höhe zwischen 3 und 12 m unter Beweis stellen.

Warener Hochseilgarten, Kameruner Weg 13, 17192 Waren (Müritz), ☏ 039 91/63 12 26, www.kletterwald-mueritz.de, Ende März-Anfang Nov tgl. 10:00-16:00

Hinter dem Kletterwald gelangen Sie an das Café/Restaurant Zum Klönpott.

Zum Klönpott, Kameruner Weg 13, 17192 Waren (Müritz), ☏ 039 91/182 29 50, in der Saison tgl. ab 12:00

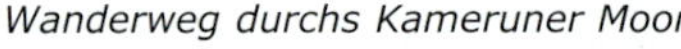

Wanderweg durchs Kameruner Moor

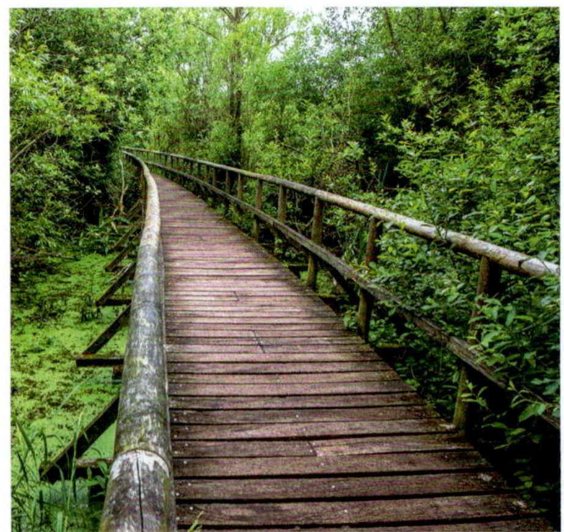

Sie bleiben auf dem Weg, der weiterhin in Ufernähe verläuft. Kurz darauf bringt Sie ein Bohlensteg durch das Kameruner Moor bis zum Volksbad ❸.

Der große Müritzstrand liegt nur 1,5 km westlich des Altstadtzentrums und bietet neben dem Sandstrand auch eine Liegewiese sowie eine große Rutsche, einen Steg und ein Beachvolleyball-Feld.

Der Eintritt ist frei und das Gelände ist immer frei zugänglich. Sie können entweder geradeaus über das Freibadgelände laufen oder aber links am Zaun entlang um das Gelände herum.

In jedem Fall biegen Sie am östlichen Ende des Freibads beim ✗ Restaurant Strandkorb nach rechts in die Gerhard-Hauptmann-Allee ab und kommen entlang der prächtigen Villen ins Zentrum von Waren (Müritz).

✗ Strandkorb, Kameruner Weg 2, 17192 Waren (Müritz), ☏ 039 91/12 57 57, tgl. 11:00-20:00

Sie kommen zu einer großen Kreuzung beim ⌘ Müritzeum.

Das Müritzeum

Das Müritzeum ist ein modernes Naturerlebniszentrum und eröffnet der ganzen Familie einen anschaulichen Einstieg in die Natur und Geschichte der Müritzregion. Ein Besuch lohnt nicht nur an Regentagen.

Schon das Gebäude selbst ist imposant und die angekokelten Lärchenholzbohlen, mit denen die kühn geschwungene Fassade verkleidet ist, erinnern an die lokale Tradition des Teerschwelens. Herzstück der Ausstellung ist das große Süßwasseraquarium, in dem über 40 Fischarten leben. Vom Foyer zweigen die unterschiedlichen Themenräume zu Geografie, Geologie, Fauna und Flora ab.

Hier entdecken Groß und Klein spielerisch viel Wissenswertes über die Natur und können z. B. eine anschauliche Zeitreise in die Steinzeit unternehmen, bei einem Quiz die unterschiedlichen Vogelstimmen kennenlernen oder den Waldboden unter dem Mikroskop erforschen.

Ein „echtes“ Naturerlebnis bietet der Rundweg durch den Museumsgarten rund um den Herrensee im Außengelände. Anschließend heißt es für die Kleinen „Alles fertig machen zum Entern!“ auf dem Piratenschiff am Abenteuerspielplatz, während die älteren Semester im Restaurant Fischers Küche mit Blick auf die Müritz Platz nehmen.

⌘ Müritzeum, Zur Steinmole 1, 17192 Waren (Müritz), ☏ 039 91/63 36 80, www.mueritzeum.de, Nov-März 10:00-18:00, April-Okt 10:00-19:00

✗ Fischers Küche, Zur Steinmole 1 – Am Müritzeum, 17192 Waren (Müritz), ☏ 039 91/674 51 19, Di-Sa 9:00-22:00, So-Mo 9:00-17:00

An der Kreuzung haben Sie die Wahl, wie es weitergeht. Den Busbahnhof, um auf dem Landweg nach Klink zurückzukehren, finden Sie linker Hand, geradeaus kommen Sie in die Fußgängerzone. Wenige Schritte nach rechts erreichen Sie den Anleger Steinmole, die Abfahrtsstelle der Fahrgastschiffe in Richtung Röbel/Müritz mit Stopp in Klink. Von Mai bis September ist das Übersetzen mit dem Schiff problemlos möglich, um unnötige Wartezeiten zu vermeiden, sollten Sie aber dennoch vor dem Beginn der Wanderung einen Blick auf den aktuellen Fahrplan werfen.

Zurück am Anleger in Klink lohnt sich neben der großen Badebucht ein kurzer Abstecher zum Schloss Klink. Als Vorbild für den 1898 errichteten Bau im Stil der Neorenaissance mit seinen Rundtürmen und Erkern dienten unverkennbar die Loire-Schlösser. Typisch für eine mecklenburgische Residenz sind dagegen die roten Fenstereinfassungen und Giebel aus Backstein. Heute beherbergt das renovierte Anwesen ein Hotel.

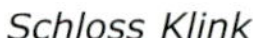

Schloss Klink

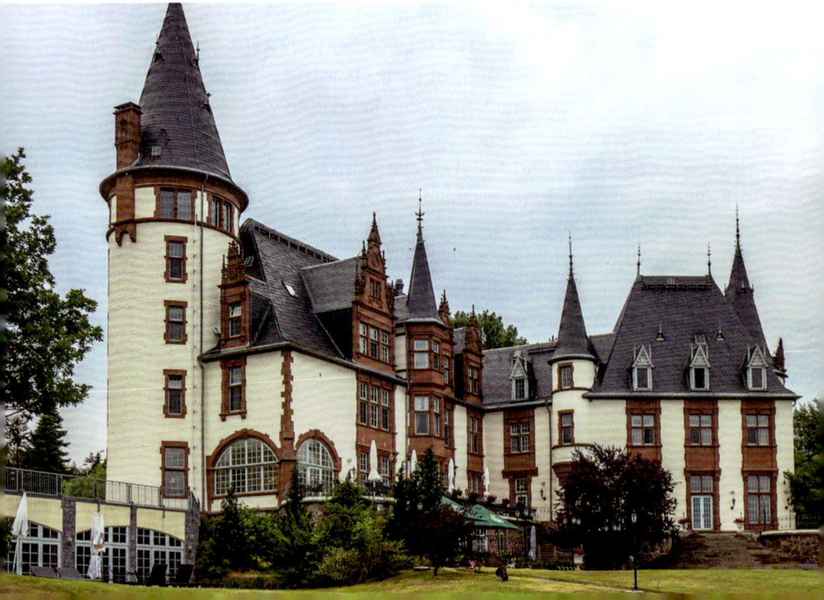

6 Warener Stadtforst

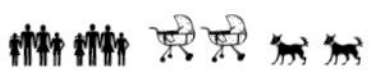

Rundweg für Wald- und Seenliebhaber

Diese waldreiche Wanderung durch den Warener Stadtforst auf der Halbinsel Ecktannen zwischen Binnenmüritz, Müritz und Feisneck führt zunächst immer dicht am Wasser entlang bis zum Vogelbeobachtungsturm Schnakenburg im Nationalpark. Zurück laufen Sie durch das wildromantische Moorgebiet rund um die Wienpitschseen.

Start/Ziel: Nationalparkeingangsbereich südlich des Stadtzentrums an der Specker Straße, GPS N 53°29.834' E 012°41.339'

10 km

2 Std. 30 Min.

60 m/60 m

50-70 m

Die vorgestellte Route ist durchgehend mit dem Symbol eines roten Eichhörnchens markiert.

Waldreiche Wanderung zunächst auf gut ausgebautem Uferwanderweg am Südufer der Binnenmüritz, dann meist breite Forstwege, zum Ende hin auch kürzere sandige und holprige, von Baumwurzeln durchsetzte Passagen

Ausflugslokal Sealounge Haus am See (km 2,5), Bistro am Campingplatz Ecktannen (km 2,8), Waldschänke (km 3,8)

im ersten Abschnitt auf der Uferpromenade bis zur Waldschänke zahlreiche Rastbänke, danach nur noch vereinzelt, Rastplatz an den Wienpitschseen (km 8)

Minimarkt am Camping Ecktannen (km 2,8)

Badestelle Ecktannen mit Liegewiese, im Sommer bewacht, und separatem Hundestrand (km 2,8)

Die Tour ist für ältere Kinder mit ausreichend Kondition für die lange Strecke geeignet. Für Abwechslung sorgen unterwegs die Minigolfanlage mit Streichelzoo sowie die Badestelle.

Für Buggys besonders geeignet ist der ausgebaute Uferwanderweg von Waren (Müritz) bis zur Waldschänke. Für den weiteren Wegverlauf auf unbefestigten Waldwegen und ein kurzes unwegsames Stück mit sandigem Untergrund und Baumwurzeln hinter den Wienpitschseen empfiehlt sich ein geländegängiger Kinderwagen mit Luftbereifung.

Die Tour ist für Hunde geeignet, allerdings besteht im Bereich des Nationalparks Leinenpflicht.

Der Ausgangspunkt der Wanderung am Ostufer der Binnenmüritz ist gut mit dem Stadtbus der Linie 3 zu erreichen (Richtung „Zeltplatz Ecktannen“, Haltestellen „Am Seepark“ oder „Specker Straße“), www.mvvg-bus.de.

Der Schiffsanleger am Gasthaus Waldschänke bietet die Möglichkeit, die Tour abzukürzen und per Schiff nach Waren (Müritz) zurückzukehren, www.blau-weisse-flotte.de.

Waren (Müritz) liegt an der Bahnstrecke Berlin – Rostock. Der Bahnhof liegt nördlich des Zentrums und natürlich lässt sich die Wanderung auch direkt am Bahnhof starten. Der Weg vom Bahnhof bis zur Uferpromenade am Südufer der Binnenmüritz und zurück verlängert die Tour um ca. 5,5 km.

P großer, kostenfreier Waldparkplatz am Nationalparkeingangsbereich mit Spielplatz, Sitzbänken und Informationstafeln; Anfahrt: über die A19 bis zur Ausfahrt 17 Waren (Müritz) und weiter auf der B192 bis Waren (Müritz), dort den Schildern zum Campingplatz Ecktannen/Eingangsbereich Müritz-Nationalpark an der Specker Straße folgen

Park- und Rastplatz am Nationalparkeingang

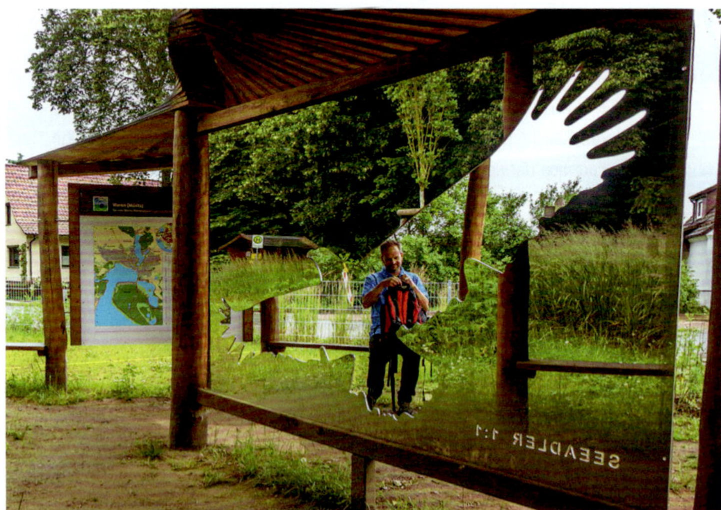

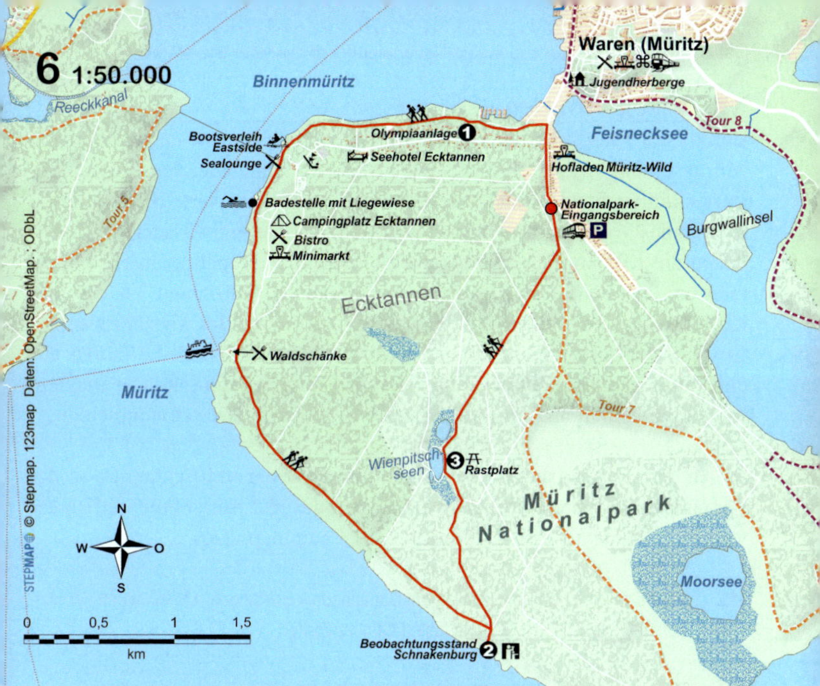

Vom nördlichen Ende des Waldparkplatzes laufen Sie an den überdachten Nationalpark-Infotafeln auf dem Bürgersteig an der Specker Straße zurück in Richtung Waren (Müritz). Hinter dem Hofladen von Müritz-Wild (Verkauf von Wildfleisch und -wurst, Do/Fr 9:00-18:00) lassen Sie die abzweigende Fontanestraße links liegen und biegen dann vor dem MareMüritz Yachthafen Resort & Spa (auf dem Areal zwischen Binnenmüritz und Feisneck entsteht eine Luxus-Ferienanlage mit 184 Apartments und 150 Bootsliegeplätzen) nach links auf die Uferpromenade.

Der Weg ist zunächst asphaltiert, im weiteren Verlauf dann gepflastert und bringt Sie zur Olympiaanlage von 1936 ❶. Außer den in der Rasenfläche eingelassenen olympischen Ringen und einer Informationstafel erinnert aber nichts mehr an die einstigen Sportanlagen. Rechts versteckt sich hinter den Büschen und dem Röhricht die Stadtsilhouette von Waren (Müritz) und immer wieder führen Trampelpfade zu den Bootsstegen, von denen der Blick frei über das Wasser auf die gegenüberliegende Skyline mit der Marienkirche schweifen kann.

Müritzschwimmen

Bereits seit 1969 wird jedes Jahr am 1. Augustwochenende das traditionelle Müritzschwimmen veranstaltet. Die bis zu 800 teilnehmenden Schwimmer starten am Seebad Ecktannen und überqueren die komplette Binnenmüritz. Ziel ist das Volksbad in Waren (Müritz). Erfahrene Freiwasserschwimmer, denen die 1,95 km lange Strecke von Ost nach West nicht genug ist, kommen bei dem seit 2017 zusätzlich ausgetragenen Müritzman 3.8. auf ihre Kosten und müssen die Müritz gleich doppelt queren. Im Anschluss an das Erwachsenenschwimmen können Kinder zwischen 7 und 12 Jahren auf einer 400 m langen Strecke im Volksbad ihre Schwimmkünste messen. Infos und Anmeldung im Internet unter www.mueritzschwimmen.de.

An den Treppenstufen, die hinauf zum Seehotel Ecktannen an der Fontanestraße führen, vorbei erreichen Sie die Surfschule mit Bootsverleih Eastside als ersten Vorposten des Campingplatzes.

Eastside Surf- und Segelschule, am Campingpark Ecktannen, 17192 Waren (Müritz), 039 91/16 57 94, keine festen Öffnungszeiten

Die hier nach links abzweigende Straße führt nach etwa 200 m zur Minigolfanlage und zum Streichelzoo.

Minigolfanlange und Streichelzoo des Campingparks Ecktannen, Fontanestraße 66, 17192 Waren, 039 91/66 85 13, Streichelzoo im April, Mai, Sep, Okt geöffnet, Minigolf hat wechselnde Öffnungszeiten

Auf dem Uferweg erreichen Sie als nächstes die Gaststätte Sealounge Haus am See samt Sommerkiosk (Di-So 15:00-22:00, Mo geschl.). Das Ausflugslokal hat eine lange Tradition und wurde um 1900 als Vereinshaus eines Arbeiter-Turnvereins gebaut.

Sealounge Haus am See samt Sommerkiosk, Strandpromenade 3, 17192 Waren (Müritz), 039 91/66 87 30, Di-So 15:00-22:00, Mo geschlossen

Kurz darauf bietet sich die große, im Sommer bewachte Badestelle mit einer großen Liegewiese für eine Rast an. Im hinteren Bereich gibt es

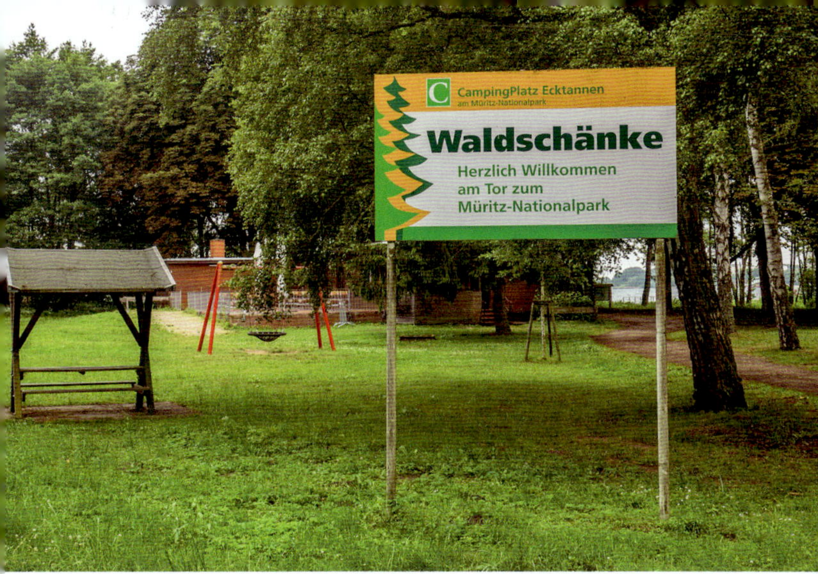

Waldschänke

auch einen Hundestrand. Der Weg nach links führt zum ✕ Bistro und Minimarkt auf dem Campingplatz.

✕ Bistro und Minimarkts auf dem Campingplatz Ecktannen, 17192 Waren (Müritz), 8:00-21:00, warme Küche ab 12:00

Die Badestelle liegt am „Hals" zwischen Binnenmüritz und Müritz und das gegenüberliegende Ufer scheint zum Greifen nahe. Hier endet der ausgebaute Uferwanderweg und der weitere Wegverlauf führt ab jetzt über unbefestigte, aber immer noch gut zu laufende Waldwege.

Gut 1 km hinter der Badestelle bietet die ✕ Waldschänke rechts vom Weg die letzte Möglichkeit zur Einkehr auf dieser Tour. Auf der ruhigen Terrasse hinter dem Haus werden Mittagstisch, kleinere Snacks und selbst gebackener Kuchen serviert und für die Kinder gibt es im Garten eine Schaukel.

✕ Waldschänke, Strandpromenade 4, 17192 Waren (Müritz), ☏ 039 91/632 56 81, Mai-Sep Mi-Sa 11:00-21:00, So 11:00-18:00, Do-Di 11:00-19:00

 Die Waldschänke verfügt über eine eigene Bootsanlegestelle, die es Wanderern und Radfahrern ermöglicht, von Mai bis September um 13:10 und 15:45 nach Waren (Müritz) sowie um 10:50 und 14:20 nach Klink überzusetzen.

www.blau-weisse-flotte.de

Für die Fortsetzung der Wanderung laufen Sie entlang am Zaun des Geländes der Waldschänke auf dem Weg weiter. Ab jetzt werden die Rastbänke entlang der Strecke weniger. Sie laufen immer parallel zum Ufer weiter und kommen an einer einzelnen Sitzbank auf einer Waldlichtung mit einem ausgehöhlten Findling vorbei.

Die nach links abzweigenden Wege ignorieren Sie. Sie erreichen die Grenze des Nationalparks und bald darauf eine sternförmige Kreuzung im Wald, an der Sie der Bohlenweg nach rechts zum Beobachtungsstand Schnakenburg ❷ bringt.

Für den Rückweg nach Waren (Müritz) folgen Sie, zurück an der zuvor erwähnten Wegkreuzung, der Markierung des rotes Eichhörnchens nach links und wenden sich nach knapp 1 km an der T-Kreuzung auf einer Fläche mit lichterem Baumbestand nach links (von rechts kommt der Wanderweg mit der Markierung des braunen Hasen dazu). Sie erreichen bald den ersten der beiden Wienpitschseen.

Die beiden mitten im Wald gelegenen Moorseen sind die Überreste einer eiszeitlichen Schmelzwasserrinne. Wenn Sie möchten, können Sie den ersten See auf dem nach links abzweigenden Bohlenweg umrunden, um die Seerosenpracht auf der Wasseroberfläche besser genießen zu können. Ansonsten laufen Sie geradeaus auf dem Waldweg weiter. Zwischen den beiden Seen treffen die beiden Wege am Rastplatz ❸ wieder aufeinander. Hier nehmen Sie den breiten Waldweg in nordöstliche Richtung und passieren den zweiten See. Der Weg ist stellenweise sandig und aufgrund der zahlreichen Baumwurzeln recht holprig. Am Ende treffen Sie auf eine breite Forstpiste. In diese biegen Sie nach links ein und kommen nach 360 m zurück an den Ausgangspunkt der Wanderung auf dem Waldparkplatz.

7 Teufelsbruch

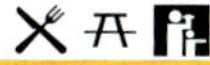

Rundtour für Vogelfreunde

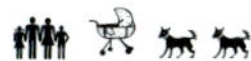

Das Teufelsbruch ist eine sumpfige Niederung in der Pflegezone des Müritz-Nationalparks. Neben der abwechslungsreichen Natur mit zwei Moorseen und Kopfweiden am Wegesrand finden Sie auf der Tour zwei Unterstände am Warnker See, die hervorragende Bedingungen zur Vogelbeobachtung bieten. Am eindrucksvollsten ist das Erlebnis im Herbst, wenn sich hier unzählige Enten, Kraniche und andere Zugvögel einfinden.

Start/Ziel: Nationalparkeingangsbereich südlich des Stadtzentrums an der Specker Straße, GPS N 53°29.834' E 012°41.339'

11,7 km

3 Std. 30 Min.

60 m/60 m

50-70 m

Der vorgestellte Rundweg ist durchgehend mit einer lila Glockenblume markiert.

überwiegend naturbelassene, breite Wald- und Feldwege, z. T. sandig

Bistro/Kiosk an der Pension Fledermaus (km 10,2)

Abgesehen von den Sitzbänken an den beiden Beobachtungsständen (km 5,1 und km 7,4) gibt es entlang der Strecke kaum Sitzgelegenheiten.

Die Tour ist in erster Linie für ältere, wandererfahrene Kinder geeignet. Abgesehen von den beiden Vogelbeobachtungsständen bieten die breiten Wege wenig Abwechslung für Kinder.

Aufgrund mehrerer sandiger Abschnitte und der ein oder anderen Baumwurzel ist die Tour allenfalls mit geländegängigen Kinderwagen zu befahren.

Die Tour ist für Hunde geeignet. Beachten Sie aber bitte die Leinenpflicht im Bereich des Nationalparks.

Der Ausgangspunkt der Wanderung ist gut mit dem Stadtbus der Linie 3 zu erreichen (Richtung „Zeltplatz Ecktannen“, Haltestelle „Specker Straße“), www.mvvg-bus.de.

Waren (Müritz) liegt an der Bahnstrecke Berlin – Rostock. Der Bahnhof liegt nördlich des Zentrums und natürlich lässt sich die Wanderung auch direkt am Bahnhof starten. Der Weg vom Bahnhof bis zum Parkplatz an der Specker Straße und zurück verlängert die Tour um ca. 6,6 km.

P großer, kostenfreier Waldparkplatz am Nationalparkeingangsbereich mit Spielplatz, Sitzbänken und Informationstafeln; Anfahrt: über die A19 bis zur Ausfahrt 17 Waren (Müritz) und weiter auf der B192 bis Waren (Müritz), dort den Schildern zum Campingplatz Ecktannen/Eingangsbereich Müritz-Nationalpark an der Specker Straße folgen

Vom Waldparkplatz an der Specker Straße starten Sie mit den Infotafeln und dem Spielplatz im Rücken und laufen auf der Forstpiste in südliche Richtung. Nach knapp 1 km biegen Sie vor einer Kurve auf den nach links abzweigenden, ebenfalls recht breiten Waldweg ❶ ab.

Dieser führt Sie nach gut 300 m auf einen breiten Sandweg. Hier wenden Sie sich nach links und laufen immer zwischen dem Wald zur Linken und der offenen Wiesen- und Moorfläche des Teufelsbruchs zur Rechten weiter.

Schließlich taucht voraus die Wasserfläche des Warnker Sees auf. Bevor Sie das Ufer erreichen, führt der Weg in einer Kurve nach links und bringt Sie durch den von vielstimmigem Vogelgezwitscher erfüllten Birkenwald zu einer breiten Forstpiste.

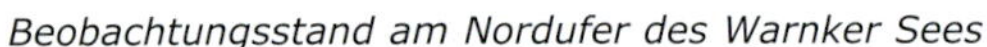

Beobachtungsstand am Nordufer des Warnker Sees

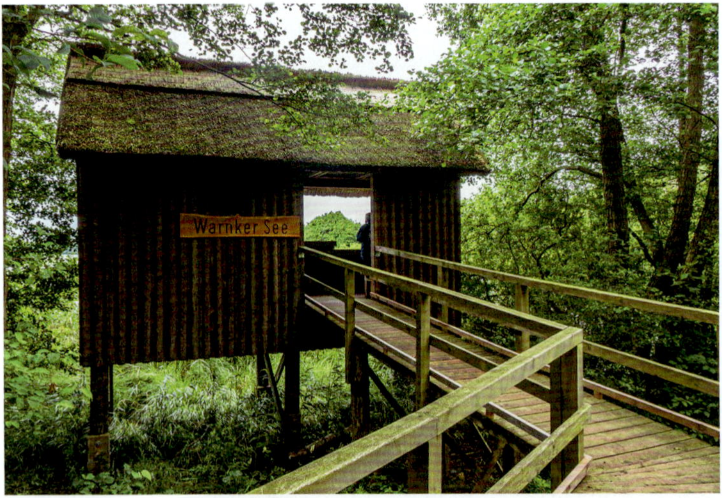

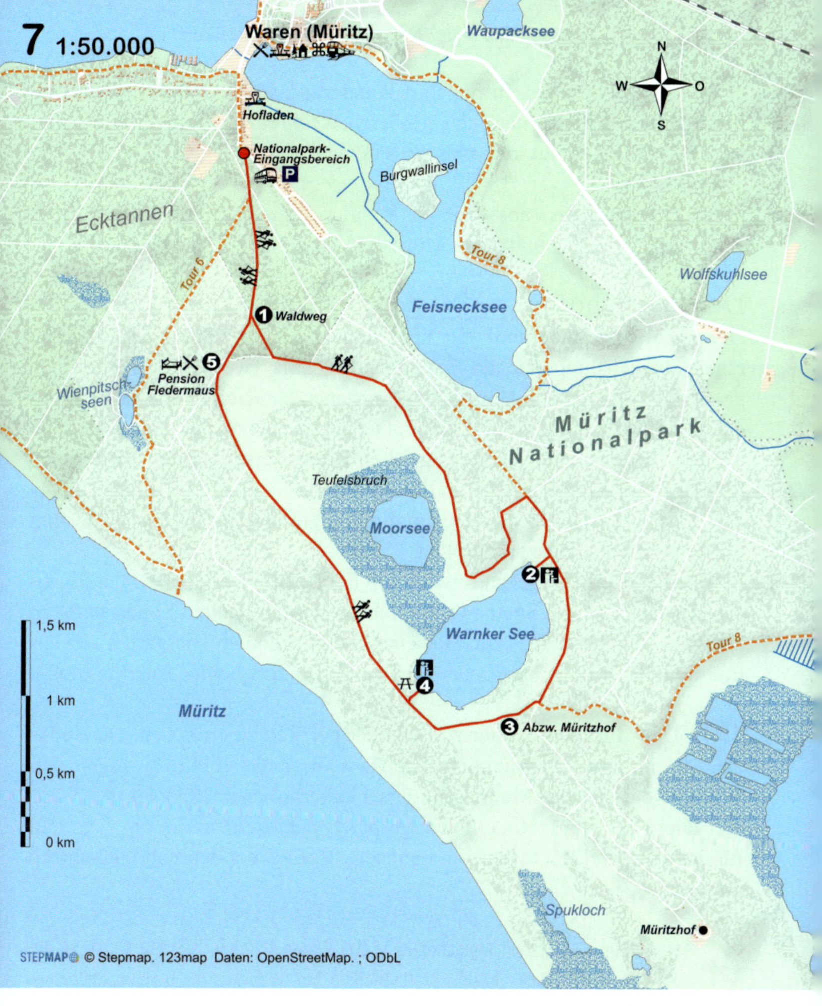

Hier geht es nach rechts weiter und bald erreichen Sie ein Hinweisschild zum ersten Beobachtungsstand. Ein Abstecher nach rechts bringt Sie nach 100 m zum Seeufer. Der dortige Beobachtungsstand eröffnet den Blick über den nördlichen Teil des Warnker Sees ❷ und mit etwas Glück bekommen Sie einen Seeadler zu Gesicht, der hier regelmäßiger zu Gast ist.

Nach der Pause setzen Sie Ihre Wanderung auf dem breiten Fahrweg fort und biegen an der nächsten, größeren Wegkreuzung mit einer Infotafel rechts ab. Kurz darauf kommen Sie an eine Abzweigung ❸.

Der nach links abzweigende Wanderweg mit der Markierung eines ockerfarbenen Rehs führt zum Müritzhof.

Der Müritzhof

Der ehemalige Bauernhof mit über hundertjähriger Geschichte liegt in einer abwechslungsreichen Hutungslandschaft (weitläufiges, extensiv genutztes Weideland mit einzelnen, frei stehenden Kiefern und Eichen) mit einer unglaublich vielfältigen Natur. Die angrenzende Spuklochkoppel und der Rederangsee sind einer der größten Kranichrastplätze im Binnenland Mecklenburg-Vorpommerns und im Herbst versammeln sich hier alljährlich 7.000 bis 10.000 Kraniche, um die Energiereserven für den Weiterflug in die Winterquartiere aufzufüllen.

Der Landschaftspflegehof wird vom Lebenshilfswerk mit Gotlandschafen, Fjällrindern und Shetlandponys, die den traditionellen Landschaftstyp erhalten, bewirtschaftet. Die Hofschänke mit schönem Biergarten serviert traditionelle mecklenburgische Küche und ist ein beliebtes Ausflugsziel.

Der Müritzhof ist nur zu Fuß oder per Rad zu erreichen. Der südliche Abschnitt des ursprünglich als etwa 4 km langer Rundweg angelegten Wanderwegs mit der Markierung eines ockerfarbenen Rehs ist den Sommer über aus Artenschutzgründen gesperrt, sodass Sie in diesem Zeitraum für den Hin- und Rückweg zum Landschaftspflegehof den Fahrweg nutzen müssen.

Hofschänke Müritzhof, Müritzhof 2, 17192 Waren (Müritz), ☏ 039 91/61 15 40, www.müritzhof.de, April tgl. 10:00-16:00, Mai-Mitte Sep 10:00-18:00, Mitte Sep-Okt tgl. 10:00-16:00

Für die Fortsetzung der Wanderung um das Teufelsbruch folgen Sie an der oben erwähnten Abzweigung weiterhin dem Symbol einer lila Glockenblume geradeaus und laufen um das südöstliche Ufer des Warnker Sees herum. Bald stehen Sie am Abzweig des Stichwegs zum zweiten

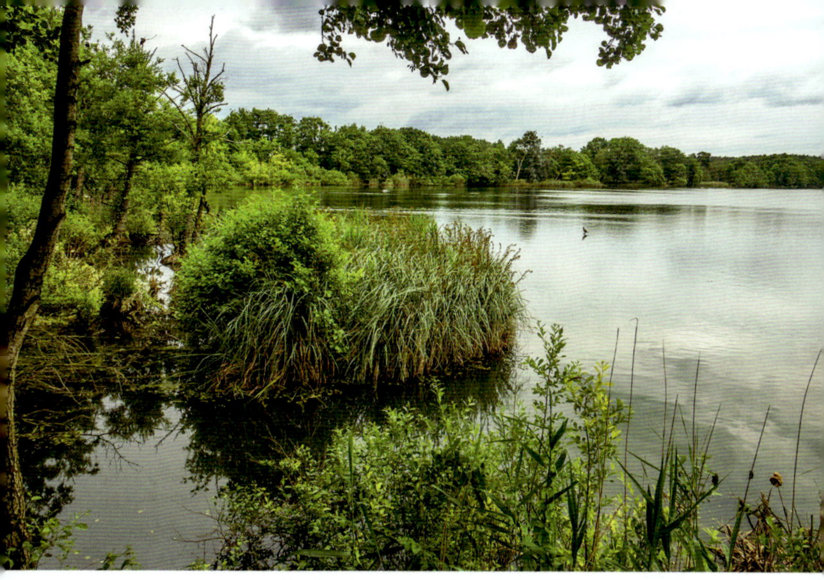

Beobachtungstand am Südufer des Warnker Sees

Beobachtungsstand am Südufer des Sees und ⛩ Tische und Bänke laden zu einer Pause ein ❹.

Anschließend geht es weiter mit dem Wald zur Linken und der offenen Wiesen- und Moorfläche mit abgestorbenen Birken zur Rechten rund um den Teufelsbruch zurück in Richtung Waren (Müritz). Am Ende des Weges erreichen Sie ein Gebäude am Waldrand, das Sie schon zu Beginn der Wanderung gesehen haben. Hier bietet sich das kleine ✕ Bistro der 🛏 Pension Fledermaus ❺ für eine Einkehr an und die etwas höher gelegene Terrasse bietet einen schönen Blick über den Moorsee und das Sumpfgebiet des Teufelsbruchs.

✕ Bistro der Pension Fledermaus, Am Teufelsbruch 1, 17192 Waren (Müritz), ☎ 039 91/66 32 93, 🚪 tgl. 11:00-19:00

Für den Rückweg zum Auto laufen Sie geradeaus an der Infotafel vorbei und treffen auf die vom Beginn der Wanderung bekannte Forstpiste. Diese führt Sie zurück zum Waldparkplatz am Nationalparkeingang in Waren (Müritz).

8 Von Schwarzenhof nach Waren (Müritz)

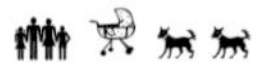

Tour für wanderlustige Naturfreunde

Diese mittellange Wanderung folgt dem Müritz-Nationalpark-Weg auf einsamen Wegen durch das Herzstück des Nationalparks und unterwegs laden mehrere Unterstände zu Vogelbeobachtungen ein. Der Feisnecksee am südlichen Stadtrand von Waren (Müritz) liegt zwar außerhalb des Nationalparks, ist aber nicht weniger schön und bietet mit einem breiten Sandstrand die Möglichkeit, sich am Tourenende abzukühlen.

→ Start: Schwarzenhof zwischen Speck und Federow gelegen, GPS N 53°27.738' E 012°48.010'; Ziel: Waren (Müritz), Steinmole, GPS N 53°30.807' E 012°41.001'

15,7 km

5 Std.

60 m/60 m

55-70 m

Die vorgestellte Route folgt zunächst dem mit einem blauen M gekennzeichneten Müritz-Nationalpark-Weg und am Ende dem mit einem gelben Schmetterling markierten Uferrundweg um den Feisnecksee.

Restaurant im Nationalparkhotel Kranichrast am Beginn der Wanderung (km 0), abseits des Weges ein breites gastronomisches Angebot am Ende der Wanderung im Stadtzentrum von Waren (Müritz)

überwiegend Feld- und Waldwege, abschnittsweise schmalere oder sandige Pfade, auch die ein oder andere Baumwurzel ist möglich

Tische und Bänke an der Nationalpark-Information in Schwarzenhof (km 0), unterwegs nur vereinzelt Sitzbänke

Naturbadestelle Feisneck (km 13,3)

Die Wanderung ist aufgrund der Streckenlänge nur für ältere Kinder, die gut zu Fuß sind, geeignet. Gegen Ende lockt eine herrliche Naturbadestelle.

Distanz und Wegbeschaffenheit verlangen nach einem geländegängigen, schmalen Sportkinderwagen, mit einem normalen Buggy ist diese Tour nicht möglich.

Die Wanderung in Begleitung eines Vierbeiners ist gut möglich. Im Nationalpark besteht aber Leinenpflicht, im Bus sind für die Mitnahme Leine und Maulkorb obligatorisch.

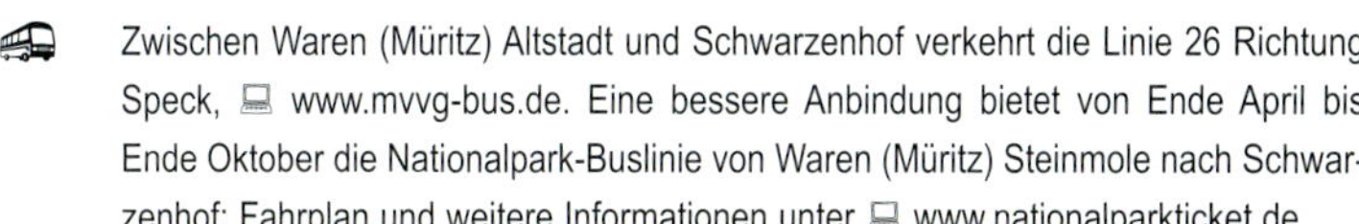

Zwischen Waren (Müritz) Altstadt und Schwarzenhof verkehrt die Linie 26 Richtung Speck, www.mvvg-bus.de. Eine bessere Anbindung bietet von Ende April bis Ende Oktober die Nationalpark-Buslinie von Waren (Müritz) Steinmole nach Schwarzenhof; Fahrplan und weitere Informationen unter www.nationalparkticket.de.

Waren (Müritz) liegt an der Bahnstrecke Berlin – Rostock. Der Bahnhof liegt nördlich des Zentrums; ab Waren können Sie dann mit dem Bus weiter zum Startpunkt der Wanderung.

P Waldparkplatz gegenüber vom Nationalparkhotel Kranichrast. Alternativ können Sie das Auto auch in Waren (Müritz) parken und zunächst mit dem Bus nach Schwarzenhof fahren. Einen großen, kostenpflichtigen Parkplatz finden Sie am Amtsbrink, GPS N 53°30.950' E 012°40.830'; auch die übrigen Parkflächen in der Innenstadt sind kostenpflichtig. Anfahrt zum Start: über die A19 bis zur Ausfahrt Waren (Müritz) und weiter auf der B192 nach Waren (Müritz), hinter der Stadtdurchfahrt rechts von der B192 abbiegen und über Kargow und Federow nach Schwarzenhof

Wald zwischen Wegpunkt 1 und 2

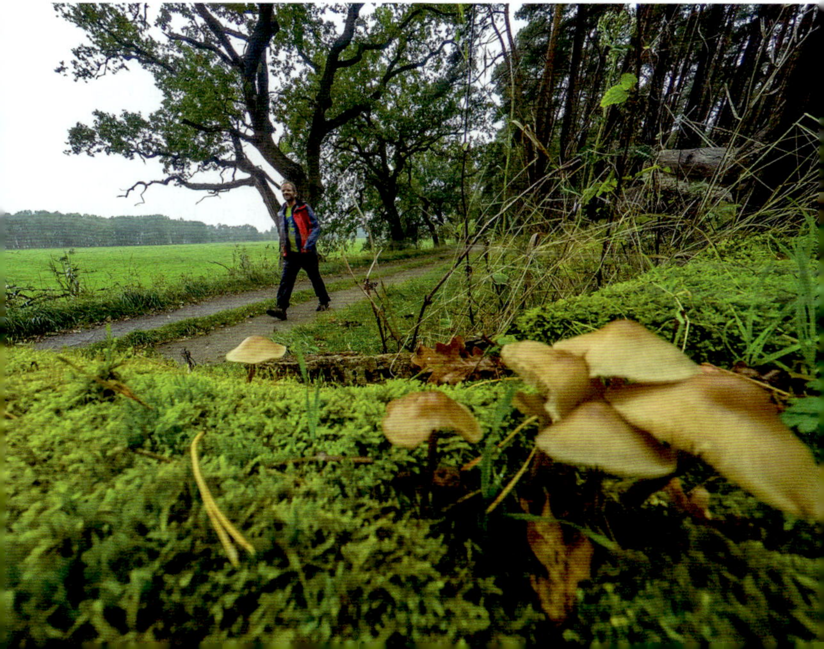

Vor dem Loslaufen können Sie einen Blick in die kleine einräumige Fotoausstellung in der Nationalpark-Information werfen, um Wissenswertes über den Seeadler zu erfahren. Nebenan bietet das ✕ Restaurant im Nationalparkhotel Kranichrast die Möglichkeit, sich für die Wanderung im Gastraum mit großen Panoramafenstern oder auf der Außenterrasse mit gutbürgerlicher Küche zu stärken. Auf der Speisekarte stehen viele Wildgerichte und selbstverständlich Fisch.

i Nationalpark-Information, Schwarzenhof 15, 17192 Kargow, OT Schwarzenhof, ☎ 039 91/63 34 10, Mai-Sep tgl. 10:00-17:00

✕ Nationalparkhotel Kranichrast, Dorfstraße 15, 17192 Kargow, OT Schwarzenhof, ☎ 039 91/672 60, im Sommer tgl. 12:00-21:00

Die Wanderung startet am großen Waldparkplatz gegenüber vom Hotel und ist mit dem blauen M als Teil des Müritz-Nationalpark-Wegs gekennzeichnet. Sie folgen zunächst dem breiten Fahrweg durch den Wald immer geradeaus in südwestliche Richtung und ignorieren die nach rechts und links abzweigenden Forstpisten.

Etwa 1,5 km nach dem Start biegen Sie vor dem Weidezaun rechts ab ❶. Der Weg führt zunächst am Waldrand an der Wiese entlang, biegt dann knapp 450 m weiter nach rechts und führt als schmalerer Pfad durch urigen Wald.

An der Wegkreuzung bei dem Stallgebäude wenden Sie sich nach rechts in Richtung Federow ❷ und es geht mit dem Wald zur Rechten und den Wiesen und Weiden in der Pflegezone des Nationalparks zur Linken weiter. Nach weiteren 1,5 km erreichen Sie am Waldrand eine Kreuzung mit ein paar Sitzbänken.

Hier bietet sich ein Abstecher nach links zum Vogelbeobachtungsstand am Nordufer des Rederangsees an ❸.

Der Wanderweg im Bereich des Rederangsees ist im Herbst – je nachdem, wann die Kraniche eintreffen –etwa zwischen dem 20. August und dem 20. Oktober täglich ab 16:00 gesperrt. In dieser Zeit kommen Sie nur im Rahmen einer Führung dorthin.

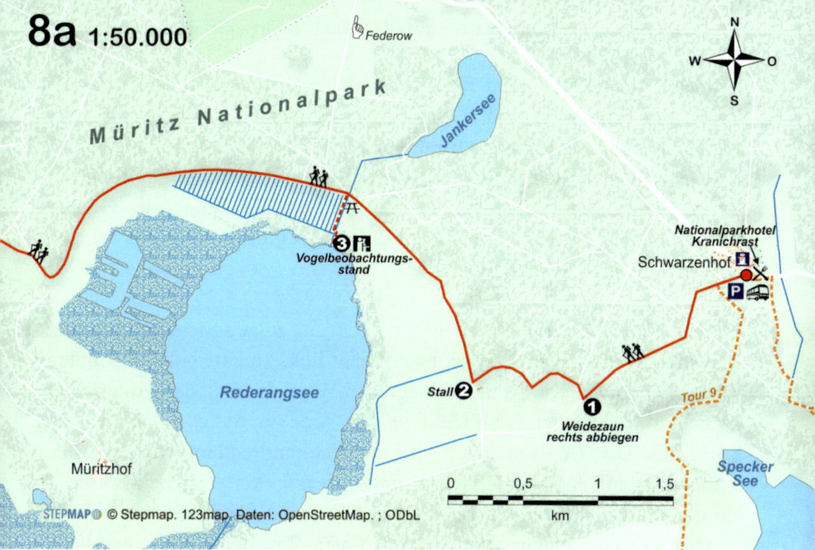

Kranichbeobachtung im Müritz-Nationalpark

Jedes Jahr im Herbst wird die Mecklenburgische Seenplatte zur Bühne für ein Naturschauspiel der besonderen Art. Auf ihrem Weg in die Winterquartiere legen Tausende von Kranichen hier einen Zwischenstopp ein, um sich auf den abgeernteten Mais- und Getreidefeldern für den kräftezehrenden Weiterflug nach Frankreich, Spanien oder Nordafrika zu stärken.

Abend für Abend steuern die etwa 1,20 m großen Vögel dann mit lautstarkem Trompeten ihre Schlafplätze in den Sumpfgebieten des Müritz-Nationalparks an, wo das knietiefe Wasser während der Nacht einen guten Schutz vor Füchsen und anderen Feinden bietet.

Die Kranichrast lockt eine Vielzahl naturbegeisterter Touristen an und das Nationalparkamt hat eine Reihe von Beobachtungsmöglichkeiten geschaffen, damit die empfindlichen Tiere nicht gestört werden: Jede unnötige Flucht würde die knappen Energiereserven angreifen, die die Tiere aber für den weiten Weg in den Süden dringend benötigen.

Ein gutes Fernglas für die Beobachtung mit ausreichend Abstand ist daher in jedem Fall ratsam und fotobegeisterte Naturfreunde brauchen unbedingt ein leistungsstarkes Teleobjektiv mit langer Brennweite.

Ideale Voraussetzungen für die Kranichbeobachtung eröffnet das von etwa Mitte August bis Mitte Oktober angebotene Kranich-Ticket. Dabei bringt Sie ein fachkundiger Ornithologe auf einer etwa 4 km langen Wanderung zu den besten Beobachtungspunkten und vermittelt während der 3 Std. langen Tour viel Wissenswertes rund um die „Vögel des Glücks". Eine rechtzeitige Reservierung ist aufgrund des großen Andrangs dringend zu empfehlen: 💻 www.nationalpark-service.de.

Vom Aussichtsturm zurück an der Kreuzung folgen Sie der Markierung des Müritz-Nationalpark-Wegs nach leicht links (rechts geht es Richtung Waren/Federow). Kurz darauf biegt der Weg, der mit dem roten Eichhörnchen markiert ist, nach rechts in den Wald ab, Sie aber laufen weiter geradeaus. Der Weg schlängelt sich am Waldrand entlang weiter. An den Kuhherden auf den Weideflächen zur Linken vorbei erreichen Sie die T-Kreuzung mit einer breiten Piste am Ostufer des Warnker Sees.

Hier kehren Sie dem Müritz-Nationalpark-Weg den Rücken und laufen nach rechts auf der breiten Forstpiste Richtung Waren (Müritz) weiter. Sie erreichen kurz darauf den Abzweig zum Beobachtungsstand am Nordufer des Warnker Sees ❹.

Rastplatz zwischen Wegpunkt 4 und 5

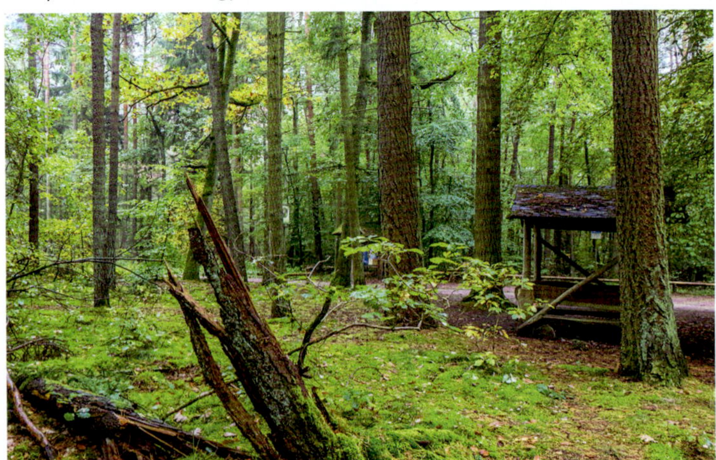

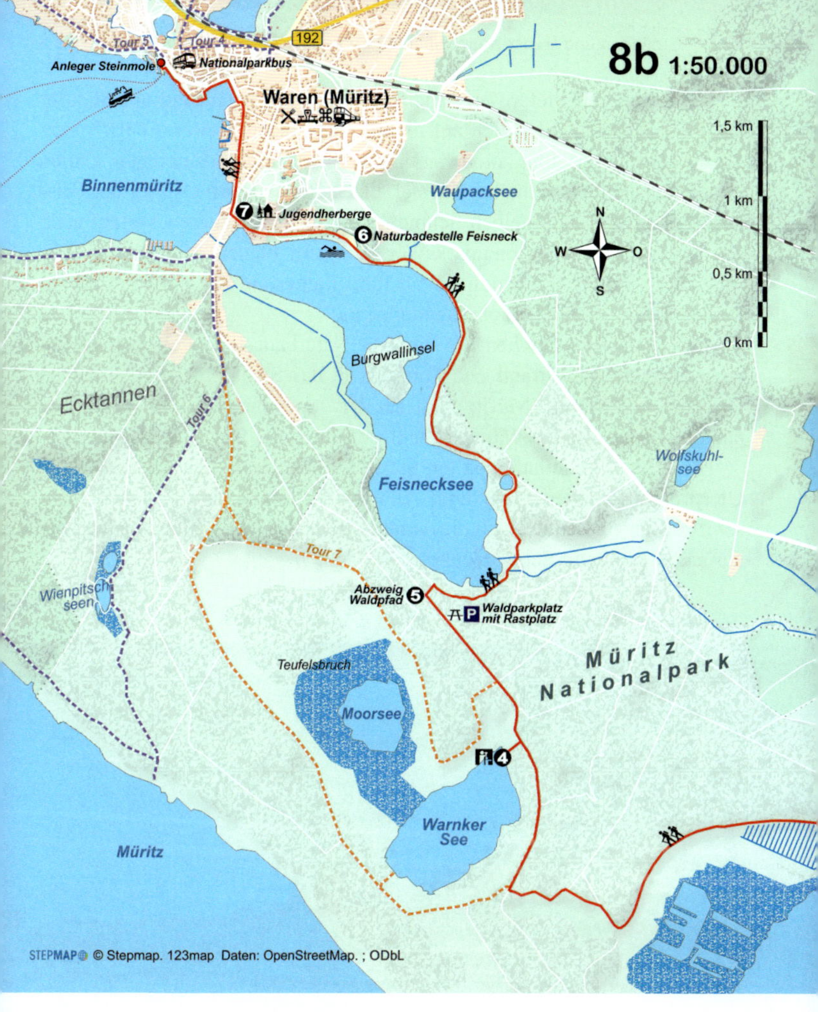

Sie folgen der breiten Forstpiste in nordwestliche Richtung und erreichen an der Nationalparkgrenze einen kleinen Waldparkplatz mit ⩚ Rastplatz. Etwa 250 m weiter biegen Sie gegenüber dem km-Stein 42 an dem nach links abzweigenden Weg nach rechts auf den unmarkierten Pfad durch den Wald ab ❺.

Nach wenigen Metern erreichen Sie einen breiteren Pfad am Südufer des Feisnecksees und laufen auf diesem nach rechts weiter. Er trifft kurz darauf auf einen Betonplattenweg, in den Sie nach links einbiegen. Gleich in der nächsten Kurve halten Sie sich links. Der Weg am Ostufer der Feisneck ist nun mit dem gelben Schmetterling und im weiteren Verlauf auch wieder als Müritz-Nationalpark-Weg mit dem blauen M markiert. Der schöne, aber zum Teil sandige Pfad führt immer am See entlang und zur Rechten türmt sich eine hohe Sanddüne auf.

Am Nordufer erreichen Sie die Naturbadestelle Feisneck ❻ mit einem breiten Sandstrand und kommen in das Stadtgebiet am südlichen Ortsrand von Waren (Müritz). An der Jugendherberge ❼ biegen Sie nach rechts ab, um ins Warener Stadtzentrum zu laufen.

Hinter dem Yachthafen halten Sie sich links und laufen immer auf der Uferpromenade weiter bis zum Anleger Steinmole der Fahrgastschiffe. Hier finden Sie auch die Abfahrtsstelle des Nationalparkbusses zurück in Richtung Schwarzenhof.

Stadthafen Waren

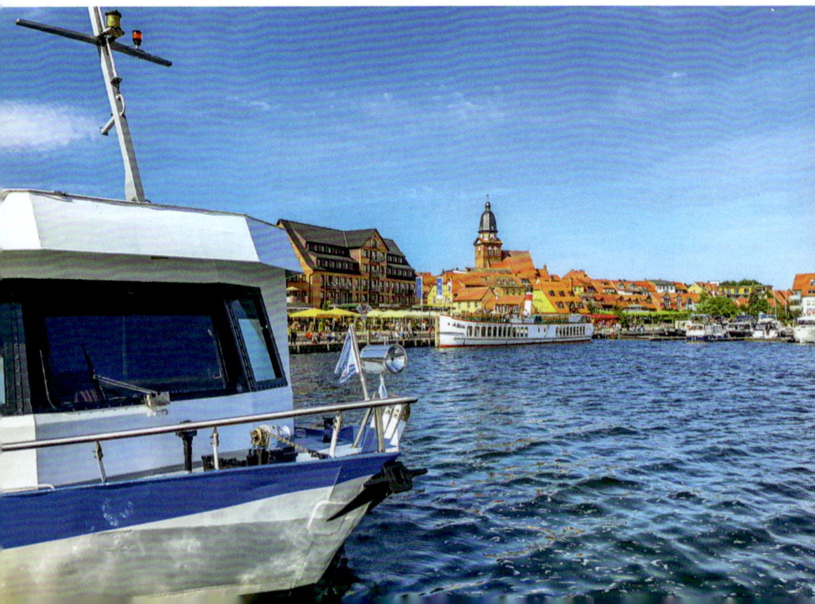

9 Wald und Moor östlich der Müritz

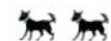

Rundtour für wanderfreudige Nationalparkentdecker

Das kleine Dörflein Boek ist der einzige Ort am Ostufer der Müritz und das südliche Eingangstor zum Müritz-Nationalpark. Diese ausgedehnte, abwechslungsreiche Rundtour führt durch Wälder, Seen und Moore. Die 31 m hohe Aussichtsplattform auf dem Käflingsbergturm ist eine von mehreren Beobachtungseinrichtungen am Wegesrand, die Gelegenheit dazu geben, die Landschaft aus der Vogelperspektive zu betrachten und die einzigartige Vogelwelt zu beobachten. Kleinode wie das Gutshaus Boek und die Dorfkirchen in Boek und Speck steuern zudem einige kulturelle Sehenswürdigkeiten bei.

Start/Ziel: Boek am Ostufer der Müritz, GPS N 53°23.604' E 012°47.484'

23 km

7 Std. 15 Min.

100 m/100 m

60-100 m

Die Strecke ist durchgehend als Radweg mit dem blauen Radfahrer markiert.

mehrere Restaurants und Cafés in Boek (km 0/km 23), Garten-Imbiss Fuchsbau in Speck (km 9,8), Hotel Kranichrast in Schwarzenhof (km 14,3) und ein wenig abseits des Weges Üdis Imbiss in Schwarzenhof

Überwiegend breite Wald- und Forstwege; die Runde ist bei Radfahrern sehr beliebt und daher im Sommer durchweg gut frequentiert.

unterwegs vereinzelt Sitzbänke, Rastplätze mit Tischen und Bänken am Käflingsbergturm (km 7,4), an der Nationalpark-Information in Schwarzenhof (km 14,3) und vor der Brücke über den Hermannsgraben (km 18,2)

Die Wege sind zwar durchgehend autofrei, trotzdem eignet sich die Runde aufgrund der Länge nicht für Wanderungen mit Kindern. Die Strecke ist aber perfekt für Radtouren mit Kindern bzw. mit Kinderanhänger für kleinere Kinder, die noch nicht die ganze Strecke selbst fahren können.

Die Wege sind zwar durchgehend autofrei und grundsätzlich buggytauglich, trotzdem eignet sich die Runde aufgrund der Länge nicht für Wanderungen mit Kinderwagen.

Die Tour ist für Hunde mit entsprechender Kondition geeignet. Im Nationalpark besteht Leinenpflicht.

Der Müritz-Nationalpark-Bus von Waren (Müritz) nach Rechlin (Ende April-Ende Okt, www.nationalparkticket.de) mit den Haltestellen Boek, Priesterbäker See, Käflingsberg, Speck und Schwarzenhof bietet eine gute Anreisemöglichkeit ohne Auto und ermöglicht es, unkompliziert die Tour entsprechend zu verkürzen und in den genannten Orten zu beginnen bzw. zu beenden.

P Kostenloser Parkplatz am zentralen Platz in Boek; alternativ kann die Tour am ebenfalls kostenfreien Waldparkplatz in Schwarzenhof begonnen werden, GPS N 53°27.739' E 012°48.010'. Anfahrt zum Start: über die A19 bis zur Ausfahrt 19 Röbel/Müritz und weiter über die B198 bis Vietzen, hier links ab in Richtung Boek und der Ausschilderung „Nationalpark Eingang Boek" folgen

Ausgangspunkt für diese Wanderung ist der Parkplatz am Nationalpark-Eingangsbereich in Boek. Sie laufen an dem Abenteuerspielplatz mit Adler-Klettergerüst und Fischmaultunnel vorbei in Richtung Gutshaus Boek mit der Nationalpark-Information ❶. Auch die Busse der Nationalpark-linie halten direkt vor dem Gutshaus. Der zweigeschossige Bau wurde in der ersten Hälfte des 19. Jh. errichtet und beherbergt die Nationalpark-Information mit der barrierefreien Ausstellung „Die Fischer von Boek", die viele spannende Informationen zum Fischadler, Hecht und Gelbrandkäfer liefert.

Nationalpark-Information, Boeker Straße 36, 17248 Boek, 03 98 24/25 20, Mai-Okt tgl. 10:00-17:00. Das Gutshaus wird aktuell saniert. Bis zum Abschluss der Bauarbeiten ist die Nationalpark-Information provisorisch in einem Wohnwagen auf der Verkehrsinsel in der Nähe des Guthauses untergebracht. Die Ausstellung „Die Fischer von Boek" befindet sich währenddessen in der Tourist-Information in Rechlin.

Vor der Zufahrt zum Gutshaus biegen Sie nach links auf die Boeker Straße. Die Hauptstraße des Dorfes bringt Sie in nordöstliche Richtung am Hotel Müritz-Park, dem Kutschercafé und der neugotischen Backsteinkirche von 1847 vorbei aus dem Ort und bis zu einer breiten Wegauffächerung am Waldrand.

Kuschercafé, Boeker Straße, 17248 Rechlin, OT Boek, 03 98 23/270 88, Mai-Okt tgl. 11:00-17:00

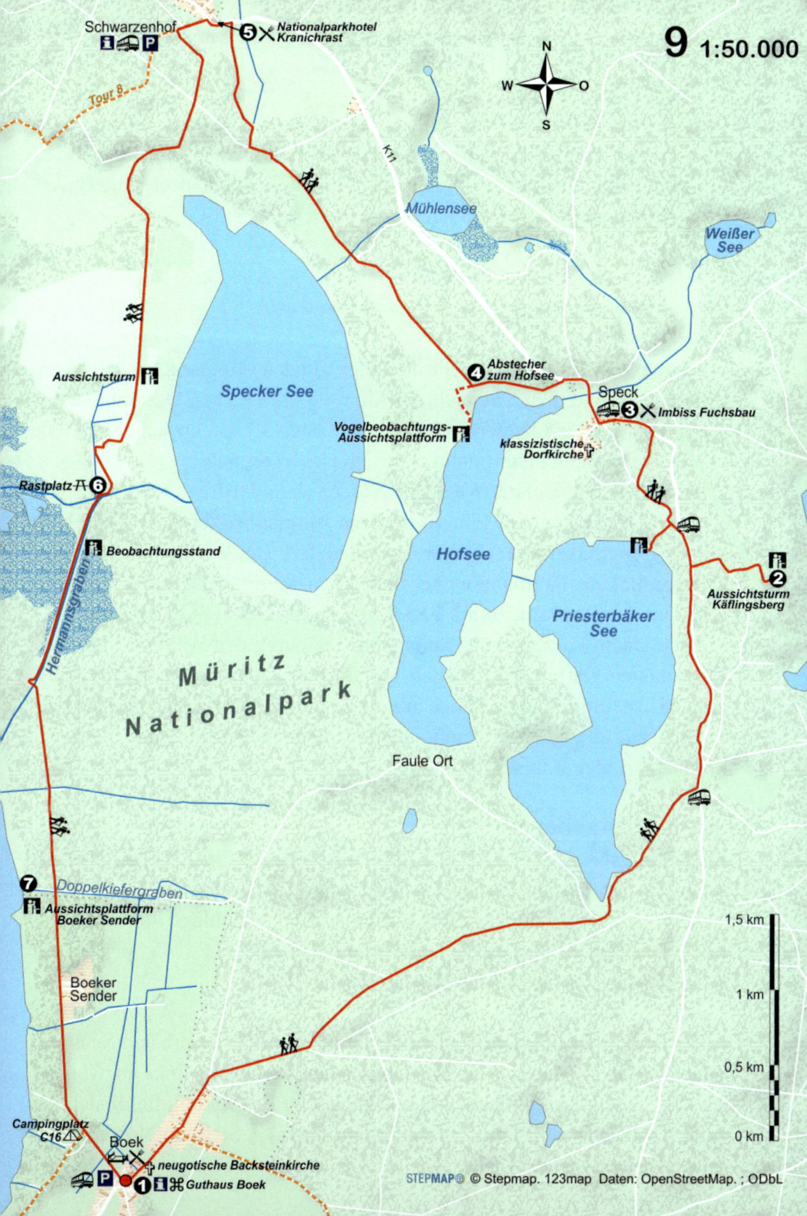
9 1:50.000
N
W
O
S
Schwarzenhof
5 Nationalparkhotel Kranichrast
Tour 8
K11
Mühlensee
Weißer See
Specker See
4 Abstecher zum Hofsee
Speck
3 Imbiss Fuchsbau
Aussichtsturm
Vogelbeobachtungs-Aussichtsplattform
klassizistische Dorfkirche
Rastplatz 6
Beobachtungsstand
Hofsee
2 Aussichtsturm Käflingsberg
Priesterbäker See
Hermannsgraben
Müritz Nationalpark
Faule Ort
7 Aussichtsplattform Boeker Sender
Doppelkiefergraben
Boeker Sender
Campingplatz C16
Boek
neugotische Backsteinkirche
1 Guthaus Boek
1,5 km
1 km
0,5 km
0 km
STEPMAP © Stepmap. 123map Daten: OpenStreetMap. ; ODbL

Wildpark Boek

Hier zeigt ein Schild den Abzweig nach rechts zum Wildpark. In dem etwa 80 ha großen Waldgebiet leben Rot- und Damwild sowie Mufflons und es ist nur im Rahmen einer Kremserfahrt zugänglich. Die Kutschfahrten werden mehrmals pro Tag angeboten und dauern ca. 1,5 Std.

Wildpark Boek, Boeker Straße 29, 17248 Boek, ☏ 03 98 23/270 88, www.wildpark-boek.de, Kosten ca. 15 € pro Person

Für die Wanderung laufen Sie an der erwähnten Gabelung zunächst weiter geradeaus und dann am nächsten Abzweig nach rechts. Der breite Fahrweg führt durch den Kiefernforst und nach etwa 3,2 km erreichen Sie eine schöne Seerosenbucht am Südufer des Priesterbäker Sees.

Anschließend biegt der Weg nach Norden ab und trifft auf eine Spurplattenpiste, die nur von Anwohnern und den Nationalparkbussen (Haltestelle „Priesterbäker See“) befahren werden darf. Der Wander- und Radweg führt parallel zur Fahrbahn weiter und 1,5 m weiter weist ein Schild nach rechts auf den Abzweig zum Käflingsbergturm hin (Haltestelle).

Nach einem kurzen, recht steilen Anstieg durch den Wald auf den rund 100 m hohen Käflingsberg stehen Sie am Fuß des imposanten Aussichtsturms ❷. 167 Stufen führen hoch auf die 31 m hohe Aussichtsplattform, von der sich ein einzigartiger Panoramablick über die Wälder und Seen der Nationalparkregion bietet.

Der Käflingsbergturm

Der Käflingsberg, der ca. 2 km südlich von Speck liegt, ist die höchste Erhebung der Region. Seit 2000 wird er von einem 55 m hohen Turm gekrönt, der gleich drei Fliegen mit einer Klappe schlägt. Er ist Mobilfunk-, Feuerwach- und Aussichtsturm in einem.

Die Aussichtsplattform hat ganzjährig geöffnet.

Wieder zurück auf dem Wanderweg am Ufer des Priesterbäker Sees teilt sich nach gut 300 m der Weg. Sie nehmen den leicht nach links abzweigenden Weg (Markierung blaues M) und gleich zu Beginn empfiehlt sich der kurze Abstecher nach links zu einem einsamen Steg am Nordufer des Priesterbäker Sees.

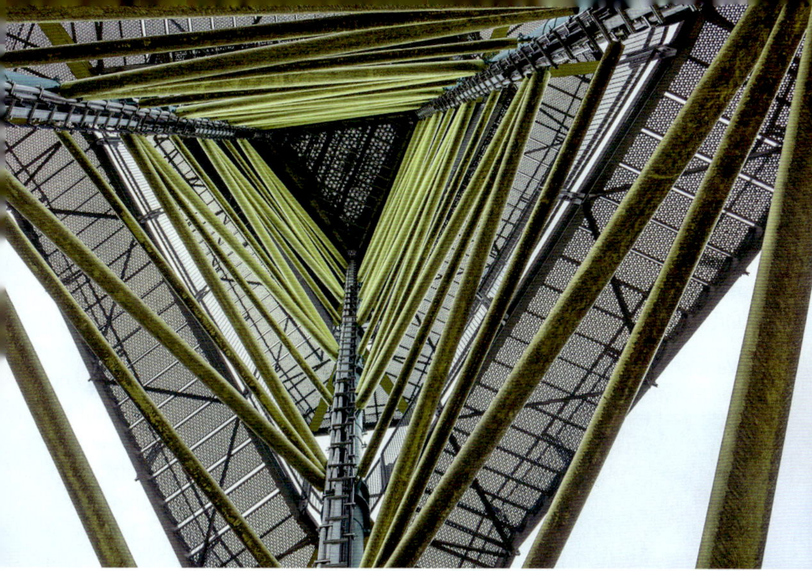

Käflingsbergturm

Sie laufen vom See zurück zum Weg und biegen nach links auf ihn ab. Anschließend führt der idyllische Waldweg zurück zur Hauptstraße, wo Sie auch auf den Radweg treffen. Hier wenden Sie sich nach links und erreichen sogleich die Ortsmitte von Speck (🚌 Haltestelle). In dem ruhigen Dorf mitten im Nationalpark bietet Ihnen der ✕ Imbiss Fuchsbau ❸ eine kleine, aber feine Auswahl an z. T. hausgemachten Speisen zum fairen Preis, um sich für den weiteren Tourenverlauf zu stärken.

✕ Imbiss Fuchsbau, Speck 5, 17192 Kargow, ☏ 039 91/63 22 98, nur im Sommer, wechselnde Öffnungszeiten

↳ Bevor Sie an der nächsten Kreuzung der Vorfahrtsstraße nach rechts folgen, lohnt sich zunächst ein kurzer Abstecher nach links zur klassizistischen ✝ Dorfkirche aus dem späten 19. Jh.

An der nächsten Kreuzung biegen Sie nach rechts ab. Nun folgen Sie dem Straßenverlauf für etwa 300 m. Hinter der Rechtskurve folgen Sie dem blauen M des Müritz-Nationalpark-Wegs nach links auf den etwas unwegsameren und sandigen, aber landschaftlich äußerst reizvollen Weg, der zwischen Waldrand und Kuhweide entlangführt.

Nach gut 650 m kommen Sie an ein kleines Holzschild ❹.

↳ Das Holzschild weist Sie auf den Abstecher nach links zur Vogelbeobachtungs-Aussichtsplattform am Nordufer des Hofsees hin. Je nach Jahreszeit sind See- und Fischadler, Enten und Gänse, Kraniche, Graureiher und Eisvögel zu sehen.

Wanderweg zwischen Boek und Priesterbaeker See

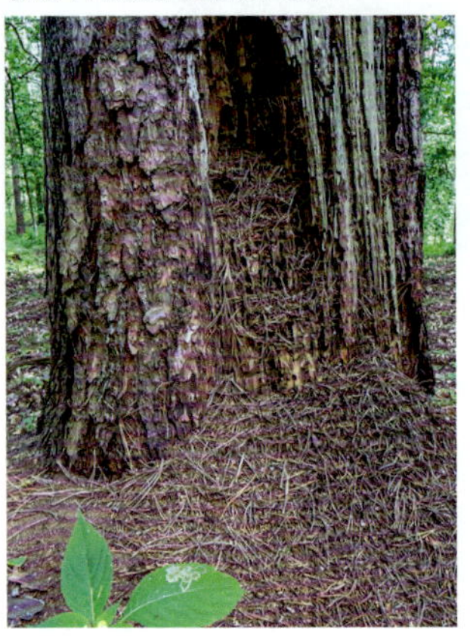

Im weiteren Verlauf begeistert der Weg zwischen Weide und Waldrand mit urigen Baumruinen. Während unten die Ameisen daran arbeiten, das Holz zu zerlegen, sprießen oben noch grüne Triebe.

Den Abzweig des mit einem roten Eichhörnchen markierten Weges nach rechts in Richtung Mühlensee können Sie ignorieren. Dann biegt der Weg nach rechts in den Wald ab, führt Sie an einem Wasserlauf entlang und bringt Sie nach Schwarzenhof.

Hier treffen Sie wieder auf den Radweg und laufen nach links bis zum 🛏 ✕ Nationalparkhotel Kranichrast ❺.

✕ Restaurant im Nationalparkhotel Kranichrast, ☎ 039 91/672 60, 🚪 im Sommer tgl. 12:00-21:00

↳ Eine weitere Möglichkeit zur Einkehr bietet etwa 200 m weiter am Ortsausgang Richtung Federow Üdis Imbiss mit einem schönen Garten.

✕ Üdis Imbiss, Schwarzenhof 10, 17292 Kargow, 🚪 nur im Sommer, wechselnde Öffnungszeiten

Für den Weg zurück nach Boek biegen Sie gegenüber vom Hotel nach links auf die Forstpiste. An der Gabelung etwa 200 m hinter dem

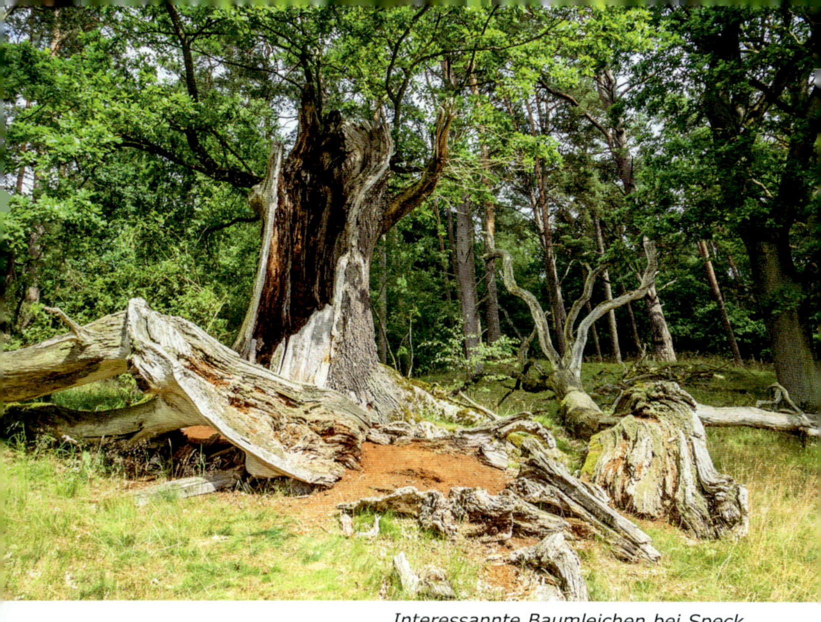

Interessannte Baumleichen bei Speck

Waldparkplatz folgen Sie der Markierung des blauen Radfahrers nach links. Der Weg bringt Sie durch ein Waldgebiet nach Süden in die Niederungen östlich der Müritz mit Schilf, Moor und Feuchtwiesen. Im Frühjahr und Herbst erklingt das Trompeten der Kraniche und auch das typische, dumpfe Geräusch – als würde man in eine leere Flasche blasen – der Rohrdommeln ist zu vernehmen.

Der Weg führt nun schnurgerade auf einem Damm zwischen zwei großen Moorflächen hindurch und der quer über den Weg errichtete Aussichtsturm Specker See erlaubt einen guten Blick über die Landschaft.

Als vor 200 Jahren der Wasserspiegel der Müritz abgesenkt wurde, fielen die ursprünglichen Moore trocken und wurden zusätzlich durch Gräben entwässert. Mit der Gründung des Nationalparks wurde der Hermannsgraben geschlossen, um das Moor zu renaturieren. Durch die Wiedervernässung wurde der Boden für die Birken, die sich zwischenzeitlich angesiedelt hatten, zu feucht und es sind nur noch die zahlreichen, abgestorbenen Baumstümpfe zu sehen.

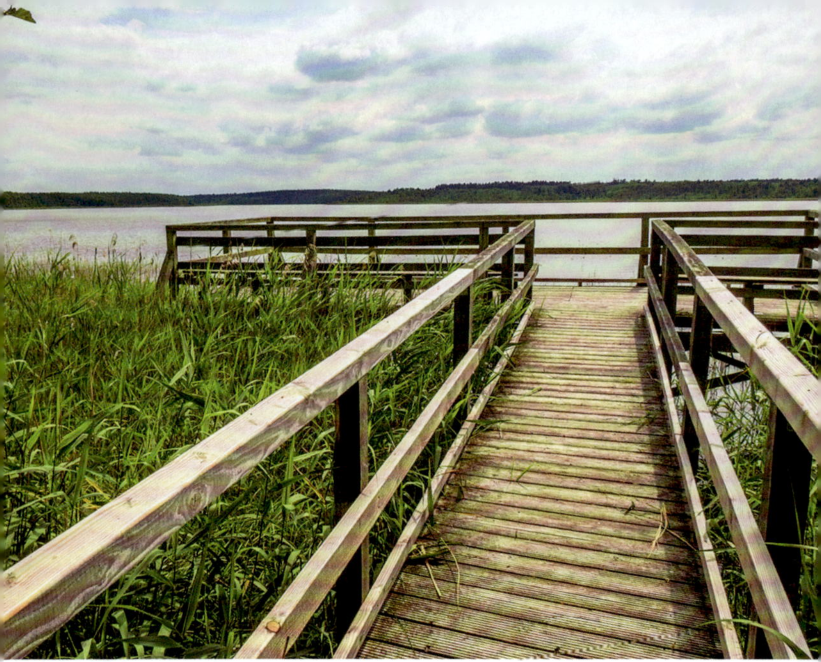

Abstecher zur Aussichtsplattform am Priesterbäker See

Vor der Brücke über den Hermannsgraben erreichen Sie einen kleinen Rastplatz ❻ und kurz hinter der Brücke den nächsten Beobachtungsstand. Rund 1 km später überqueren Sie den Hermannsgraben erneut und laufen nun schnurgerade nach Süden durch das Waldgebiet des Boeker Walds weiter.

An der nach 1,4 km folgenden Wegkreuzung führt ein kurzer Abstecher nach rechts zur Aussichtsplattform Boeker Sender am Ufer der Binnenmüritz ❼ mit einem weiten Blick über die riesige Wasserfläche der Müritz. Bei guter Sicht können Sie sogar Schloss Klink am Westufer erkennen.

Der Weg verläuft weiter nach Süden und über die Spurplattenstraßen kommen Sie an den ersten Häusern und dem Campingplatz C16 vorbei zurück in die Ortsmitte von Boek.

⑩ Zu den Boeker Fischteichen

Rundtour für große und kleine Naturfreunde

Diese ruhige Wanderung führt durch den Wald am Müritzostufer zu den Fischteichen zwischen Boeker Mühle und Zartwitz. Die hier gezogenen Fische sind nicht nur ein Schlaraffenland für Angler, sondern auch für See- und Fischadler, Kormorane und Reiher und mit etwas Glück lässt sich ein Seeadler beim Jagen beobachten. Die Tour verläuft über das ehemalige Bauerngehöft Amalienhof und geht dann durch Wiesen und Ackerflächen und entlang eindrucksvoller Kopfweiden zurück nach Boek. Mit Café, Restaurant, einem großen Spielplatz und der Nationalpark-Information hat das Dorf für jeden Geschmack und jede Altersstufe etwas zu bieten.

Start/Ziel: Boek am Ostufer der Müritz, GPS N 53°23.604' E 012°47.484'

10 km

2 Std. 30 Min.

50 m/50 m

60-95 m

Die Rundtour ist durchgehend mit dem Symbol eines gelben Falken markiert.

überwiegend breite Asphalt- und Wiesenwege, zu Beginn schmalere Waldwege, sandiger Weg zwischen Boeker Mühle und Amalienhof

Restaurants und Cafés abseits des Weges in Boek, Fischimbiss an der Boeker Mühle (ca. 1 km langer Abstecher bei km 2,9)

unterwegs nur vereinzelt Sitzbänke

Die Runde ist durchgehend autofrei und gut für ältere Kinder geeignet. Die breiten Wege sind zwar etwas eintönig, dafür wartet am Ende ein netter Abenteuerspielplatz.

Die Tour ist aufgrund der schmalen Waldwege zu Beginn und dem sandigen Abschnitt bis zum Amalienhof nur für geländegängige Einsitzer-Sportkinderwagen geeignet.

Die Tour ist gut für Hunde geeignet. Im Nationalpark besteht aber Leinenpflicht.

Der Müritz-Nationalpark-Bus von Waren (Müritz) nach Rechlin (Ende April-Ende Okt, www.nationalparkticket.de) hält in Boek und macht die Anreise ohne eigenes Auto sehr gut möglich.

P kostenloser Parkplatz am zentralen Platz in Boek; Anfahrt: über die A19 bis zur Ausfahrt 19 Röbel/Müritz und weiter über die B198 bis Vietzen, hier links ab in Richtung Boek und der Ausschilderung „Nationalpark Eingang Boek" folgen

Der Wanderweg mit der Markierung des gelben Falken startet vom Parkplatz neben dem Abenteuerspielplatz mit dem Holzadler-Klettergerüst nach links auf der Boeker Straße in nordwestliche Richtung. Nach knapp 400 m ist die Zufahrt zum ⛺ Campingplatz C16 erreicht. Hier wenden Sie sich nach links und laufen an dem roten Bungalow mit der Rezeption vorbei und am Rand des Platzgeländes weiter. Bei dem verfallenen ehemaligen Sanitärgebäude am Ende des Platzes wird der Weg zu einem schmalen Pfad, der durch den Wald am Ostufer der Müritz führt.

An der Weggabelung nach 1,8 km ❶ halten Sie sich links und erreichen gut 620 m weiter die Straße zwischen Boek (links) und Boeker Mühle (rechts).

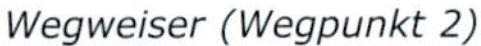

Wegweiser (Wegpunkt 2)

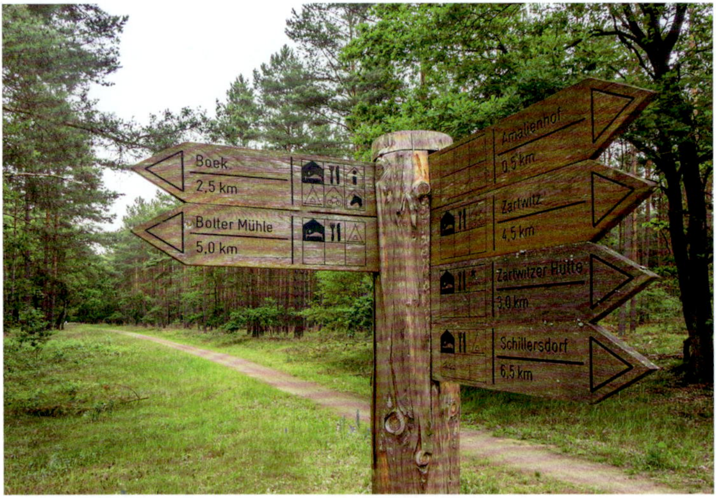

↳ Fischer- und Anglerhof Bolter Schleuse

Etwa 1 km südlich an der Straße lädt die ✕ Fischer-Rotunde des Fischer- und Anglerhofs Bolter Schleuse zur Einkehr ein. Der Imbiss in dem Holzpavillon zwischen Bolter Kanal und Fischteichen ist bekannt für die lecker belegten Fischbrötchen und auch selbst geräucherter Fisch wird verkauft.

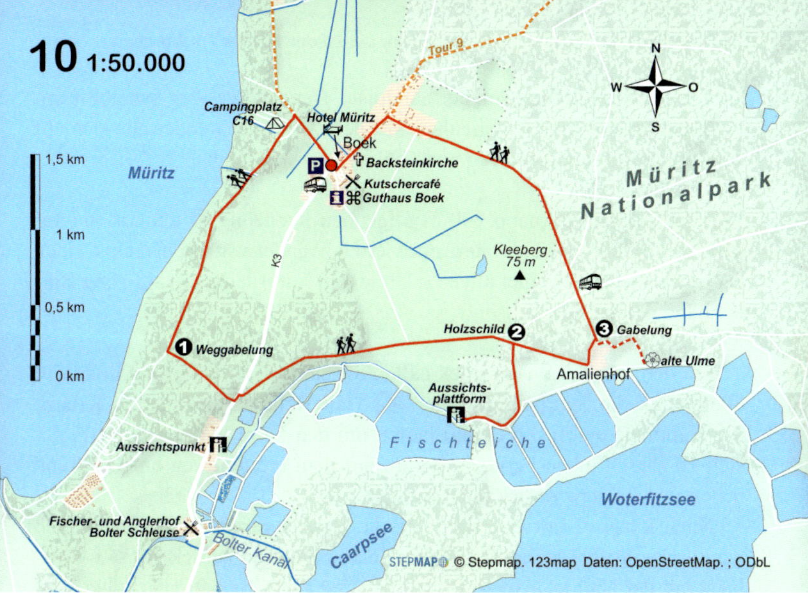

Neben der Terrasse gibt es einen Schauteich und mit einem entsprechenden Angelschein können die Teiche beangelt werden. Zwei Beobachtungsstände bieten die Möglichkeit, See- und Fischadlern dabei zuzusehen, wie diese auf der Suche nach Beute ihre Runden am Himmel ziehen.

✕ Bolter Schleuse, Boeker Mühle 4, ☏ 03 98 23/277 54, 💻 www.mueritzfischer.de, Mitte April-Okt tgl. 10:00-16:00, von Juli-Mitte Sep tgl. 8:00-20:00

Für die Fortsetzung der Wanderung laufen Sie schräg nach links über die Straße und nehmen die nach rechts abzweigende breite Piste, die bald zu einem Spurplattenweg wird und an den Fischteichen entlang in östliche Richtung führt. Nach rund 1,8 km nehmen Sie hinter dem Schlagbaum am Nationalparkschild die nach rechts abzweigende Sandpiste.

Knapp 150 m weiter zeigt ein kleines Holzschild ❷ den Weg zu einer Beobachtungsmöglichkeit an. Der grasüberwachsene Weg führt nach rechts und dann in einer Rechtskurve nach insgesamt etwa 800 m zu einer Aussichtsplattform am Rand des Birkenwalds unweit von einem der größeren Fischteiche. Anschließend laufen Sie auf dem gleichen Weg zurück zur Abzweigung von der Sandpiste. Der sandige Weg bringt Sie am Feldrand entlang zum Amalienhof. Vor dem Anwesen wenden Sie sich auf dem weiterhin sandigen Weg nach links.

An der nach knapp 200 m folgenden Kreuzung ❸ können Sie auf dem mit einem grünen Baum markierten Wanderweg nach rechts einen kurzen Abstecher zu einer alten Ulme (ein Naturdenkmal) auf einer Binnendüne unternehmen.

Für den Rückweg nach Boek halten Sie sich an der Kreuzung links und überqueren die Spurplattenstraße (Haltestelle „Amalienhofer Kreuz“ der Nationalpark-Buslinie) und laufen um den 75 m hohen Kleeberg, der sich zu Ihrer Linken befindet, herum auf dem breiten Weg am Waldrand neben den Feldern zurück nach Boek.

Nach knapp 2 km erreichen Sie die Boeker Straße und wenden sich nach links. Vorbei an der ✞ Dorfkirche kommen Sie zurück zum Gutshaus mit der Nationalpark-Information (siehe Tour 9) gegenüber vom Parkplatz.

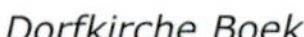

Dorfkirche Boek

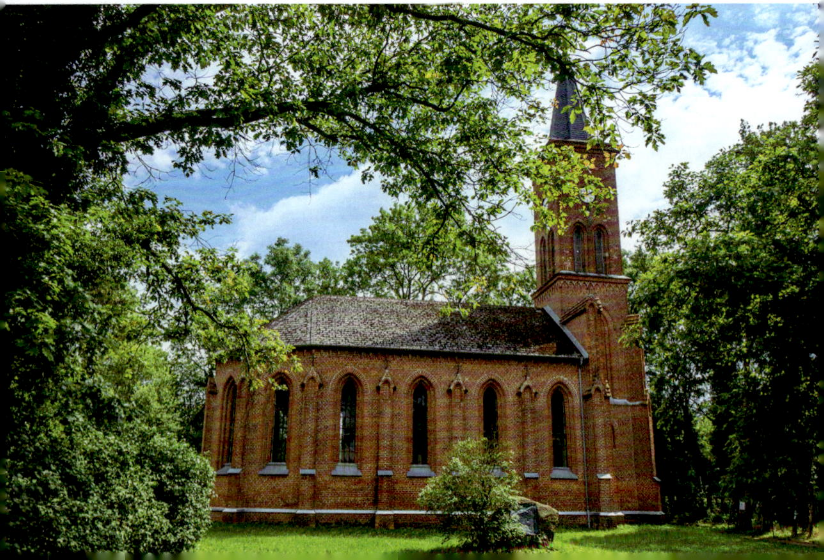

⑪ Havelquelle

Wandern und Baden für die ganze Familie

Dieser kurze Spaziergang führt durch reizvolle Natur zur Havelquelle und zu einer schönen Naturbadestelle mit Steg und Sprungturm am Mühlensee. Vor oder nach der Wanderung wartet das Heinrich-Schliemann-Museum im benachbarten Ankershagen mit einem schönen Gartencafé für die Großen und einem trojanischen Holzpferd mit Rutsche für die Kleinen auf Sie.

Start/Ziel: Gutshaus Friedrichsfelde, GPS N 53°29.112' E 012°57.103'

5,7 km

1 Std. 45 Min.

60 m/60 m

65-85 m

Der Rundweg ist mit dem Symbol eines orangefarbenen Rehs markiert.

überwiegend Wald- und Wiesenwege, kürzere Abschnitte auf kaum befahrenen Asphaltstraßen

Gaststätte Zum Storchennest im Gutshaus Friedrichsfelde (km 0/km 5,7)

Rastplätze an der Havelquelle (km 2,8) sowie an der Badestelle (km 3), sonst nur vereinzelt Sitzbänke

schöne Naturbadestelle mit Steg und Sprungturm am Mühlensee (km 3)

Diese abwechslungsreiche Tour ist auch für kleinere Kinder hervorragend geeignet. Die kurzweilige Tour lässt mit der Badestelle und den schönen Waldabschnitten unterwegs keine Langeweile aufkommen. Am Ende lockt die Aussicht auf ein Eis im Gutshaus Friedrichsfelde sowie ein Abstecher zur einmaligen Rutsche im Trojanischen Pferd in Ankershagen.

Aufgrund einiger holpriger Wegabschnitte im Wald und schmaler Doppelfahrspurwege mit hohem Mittelstreifen ist die Tour für Buggys und Zwillingswagen nicht geeignet. Mit geländegängigen Kinderwagen ist die Tour aber machbar.

Die Tour ist gut für Hunde geeignet. Im Bereich des Müritz-Nationalparks besteht aber Leinenpflicht.

Aufgrund des spärlichen ÖPNV-Angebots gibt es keine praktikable Alternative zur Anreise mit dem eigenen Pkw.

P großer, gebührenfreier Parkplatz am Gutshaus Friedrichsfelde (von der „Hauptstraße" nach links abbiegen und vor dem Gutshaus wieder nach links), alternativ

Parkplätze in Ankershagen 100 m unterhalb der Kirche direkt an der Dorfstraße (GPS N 53°29.019' E 012°57.571') oder auf dem Waldparkplatz vor der Havelquelle (GPS N 53°28.099' E 012°56.610'); Anfahrt zum Start: B192 von Waren (Müritz) in Richtung Neustrelitz und in Möllenhagen rechts ab und über Ankershagen in das benachbarte Friedrichsfelde oder auf der B193 von Neustrelitz nach Neubrandenburg und etwa auf halber Strecke kurz vor Penzlin rechts ab nach Ankershagen

Vom Parkplatz neben dem Gutshaus Friedrichsfelde starten Sie auf der Ringstraße nach rechts in östliche Richtung. An der Kreuzung hinter dem restaurierten Eiskeller, in dem noch in der ersten Hälfte des 20. Jh. das Fleisch den Sommer über mit Eis, das im Winter aus den umliegenden Seen geholt und hier eingelagert wurde, gekühlt und frisch gehalten wurde, biegen Sie nach rechts und verlassen Friedrichsfelde in südliche Richtung.

Schon bald verläuft die Straße durch Felder und Sie erreichen eine Kreuzung, an der der aufgestellte Wegweiser den Weg nach links in Richtung ⌘ Heinrich-Schliemann-Museum und nach rechts in Richtung Infostelle im Gutshaus Friedrichsfelde anzeigt ❶.

Feldweg zwischen Mühlensee und Friedrichsfelde

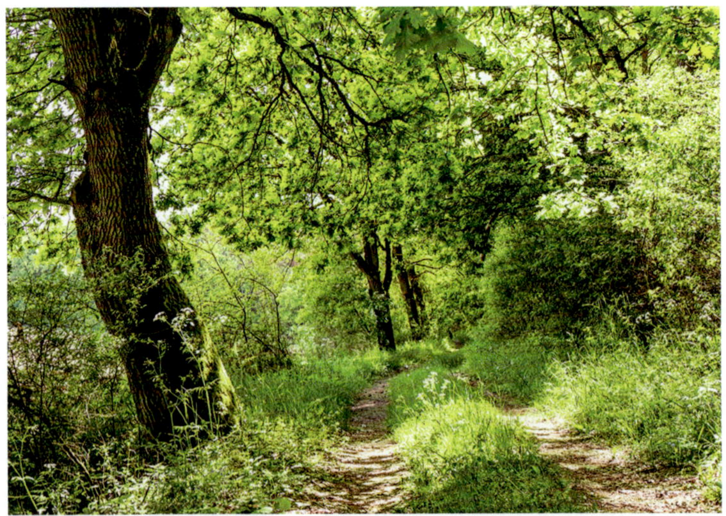

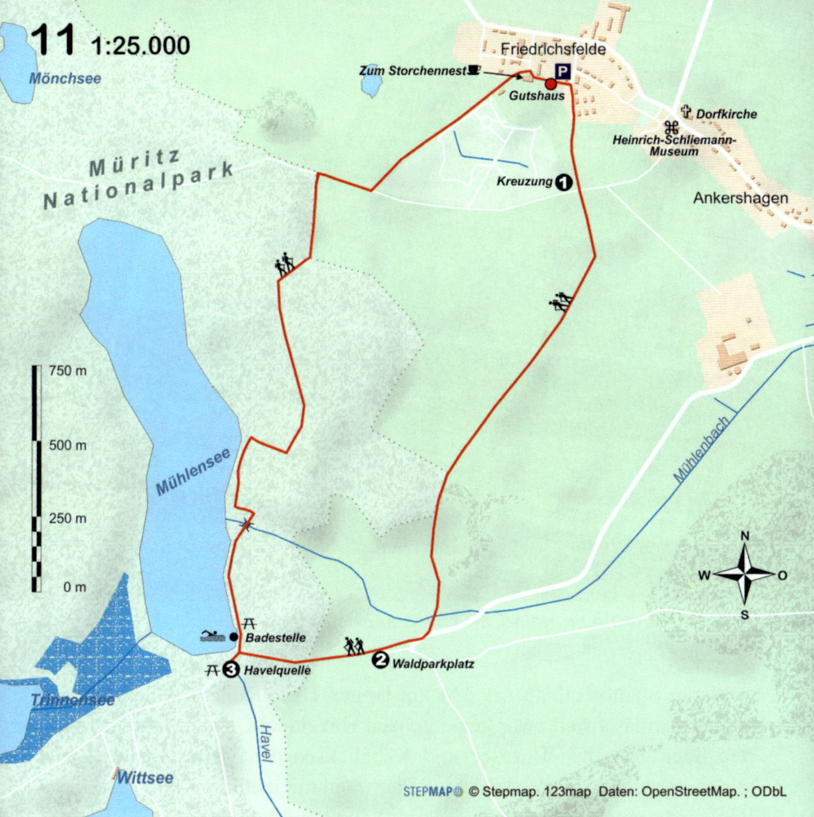

Hier laufen Sie auf einer grasüberwachsenen Fahrspur weiter geradeaus durch die Felder. Nach etwa 1,7 km entlässt Sie der Feldweg auf eine asphaltierte Straße, der Sie für einige Schritte nach rechts folgen und die Sie dann wieder auf den nach rechts abzweigenden Waldweg verlassen.

Dieser führt Sie an einem Waldparkplatz ❷ vorbei und Sie laufen weiter geradeaus auf dem Feldweg, der bald in den Wald eintaucht und Sie dann nach knapp 500 m zu einer T-Kreuzung vor dem Südufer des Mühlensees bringt.

Linker Hand erreichen Sie nach wenigen Schritten die Havelquelle ❸. Neben einem kleinen Becken sind am Havelquellstein die Wappen der

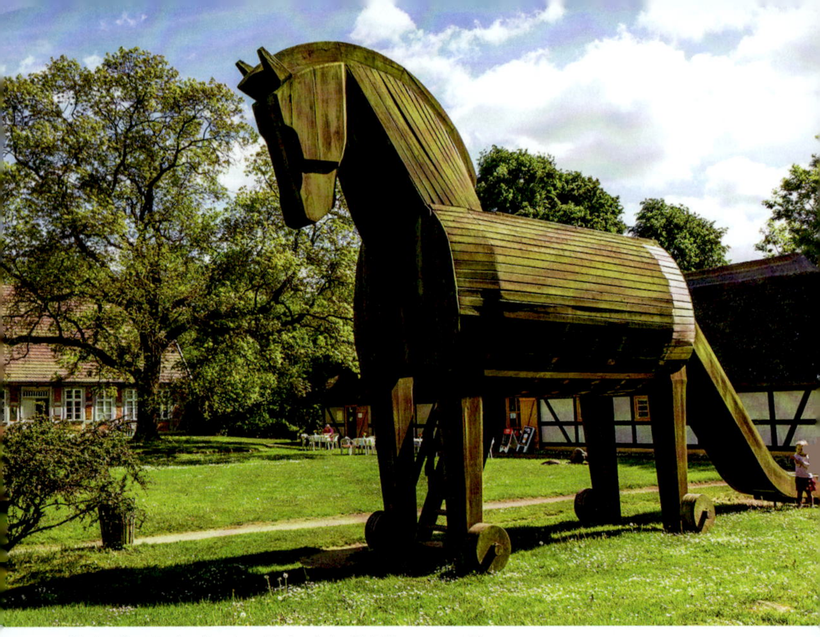

Holzpferdrutsche im Heinrich-Schliemann-Museum

größeren Städte entlang des 334 km langen Havellaufs zu sehen. Strenggenommen lässt sich zwar keine genaue Havelquelle ausmachen, da mehrere Seen zwischen Bornsee und Käbelicksee den Ursprung der Havel bilden, trotzdem lädt das lauschige Plätzchen mit mehreren Tischen und Bänken zu einer gemütlichen Rast im Schatten der Bäume ein.

Für den Rückweg nach Friedrichsfelde laufen Sie zurück zu der bekannten Kreuzung und laufen jetzt geradeaus weiter zur schönen Badestelle. Auch hier gibt es ein paar Sitzgelegenheiten und bei hochsommerlichen Temperaturen bieten Steg und Sprungturm eine willkommene Gelegenheit für eine spritzige Erfrischungspause.

Anschließend folgen Sie weiter dem schönen Wanderweg, der immer in Ufernähe durch den Wald am See entlangführt. Hinter der Holzbrücke über den Mühlenbach laufen Sie links zurück zum Seeufer und dann an der nächsten T-Kreuzung nach rechts vom See weg. An der folgenden T-Kreuzung halten Sie sich links und laufen zunächst durch den Wald und später am Waldrand zurück in nördliche Richtung.

Nach knapp 1 km mündet der Feldweg in eine Straße. Auf dieser laufen Sie knapp 200 m nach rechts und biegen dann links in die herrliche, von Kastanien gesäumte Allee ab. Diese bringt Sie am Landschaftspark mit altehrwürdigen Eichen und Buchen vorbei zum ehemaligen Gutshaus Friedrichsfelde. Hier bietet das Café zum Storchennest eine Möglichkeit zur Einkehr und die Gemeinde unterhält eine kleine Informationsstelle mit Flyern und Broschüren zum Müritz-Nationalpark. Auch eine Live-Übertragung des aktuellen Geschehens in einem Storchenhorst wird geboten und lässt sich auf dem Fernsehgerät je nach Jahreszeit den Nestbau, das Brüten, die Aufzucht der Jungen oder später im Jahr das Flugtraining der Jungstörche verfolgen.

Informationsstelle der Gemeinde im Gutshaus, Am Nationalpark 10, 17219 Ankershagen, ☏ 03 99 21/350 46, 1. Mai-15. Okt tgl. 9:00-17:00

Café zum Storchennest, ebenfalls im Gutshaus, Mai-Okt tgl. 10:00-20:00

Ankershagen und das ⌘ Heinrich-Schliemann-Museum

Unbedingt empfehlenswert ist ein Besuch im benachbarten Ankershagen im Anschluss an die Wanderung. Das abgeschiedene Örtchen am nordöstlichen Rand des Müritz-Nationalparks hat es dank Heinrich Schliemann trotz seiner geringen Größe zu bescheidener Berühmtheit gebracht. Im ehemaligen Pfarrhaus gegenüber der kleinen Feldsteinkirche aus dem 12. Jh. (die zu den ältesten noch erhaltenen Feldsteinkirchen Mecklenburgs zählt) wuchs der spätere Troja-Entdecker als Sohn des damaligen Dorfpfarrers auf. Heute ist hier das ⌘ Heinrich-Schliemann-Museum untergebracht und zeigt Dokumente und Fotos sowie zahlreiche Fundstücke aus dem antiken Troja.

Herrlich ist auch das Café im Garten. Hier können Sie unter uralten Bäumen Platz nehmen und Ihren Kaffee trinken, während die Kinder das riesige trojanische Holzpferd mit Rutsche ausprobieren.

⌘ Heinrich-Schliemann-Museum, Lindenallee 1, 17219 Ankershagen, ☏ 03 99 21/32 52, www.schliemann-museum.de, April-Okt Di-So 10:00-17:00, Nov-März Di-Fr 10:00-16:00, So 13:00-16:00

12 Um den Käbelicksee

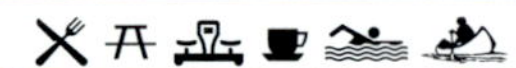

Ausgedehnter Seerundgang für konditionsstarke Naturfreunde

Diese einsame Rundwanderung führt auf abgelegenen Wegen durch die landschaftlich sehr reizvolle, sanft hügelige Landschaft rund um den Käbelicksee. Unterwegs wechseln sich Kiefernwald und wildromantische Seeufer ab und die beiden liebenswerten Nationalparkdörfer Granzin und Kratzeburg bieten gute Einkehrmöglichkeiten.

Start/Ziel: hinter der Bahnunterführung auf dem Weg zum Campingplatz Naturfreund in Kratzeburg, GPS N 53°25.469' E 012°57.082'

13,7 km

4 Std.

140 m/140 m

60-90 m

Die vorgestellte Rundtour um den Käbelicksee ist mit einem lila Falken markiert.

überwiegend autofreie, z. T. sandige Wald- oder Feldwege, kürzere Abschnitte auf asphaltierten Sträßchen

Gaststätte Havelkrug (km 6,8) und Gartencafé (km 7,2) in Granzin, Hofladen und Café sowie Fischimbiss in Kratzeburg (km 12,8)

Bänke und Tische an der Badestelle in Kratzeburg (km 0/km 13,7), unterwegs sonst keine Sitzgelegenheiten

Hofladen und Fischer Berkholz (eigene Räucherei) in Kratzeburg

Badestellen am Käbelicksee in Kratzeburg (km 0/km 13,7) und am Granziner See in Granzin (km 6,7)

Die Umrundung des Käbelicksees ist gut für ältere, wandererprobte Kinder geeignet. Am Start und Ziel in Kratzeburg lockt die schöne Badestelle mit einer Rutsche. Unterwegs lassen Badestelle und Spielplatz auf halber Strecke in Granzin keine Langeweile aufkommen.

Aufgrund der Streckenlänge und der stellenweise längeren Passagen auf sandigen Waldwegen lässt sich die Strecke nicht mit einem Buggy befahren.

Die Tour ist für Hunde mit entsprechender Kondition geeignet. Im Bereich des Müritz-Nationalparks besteht Leinenpflicht.

An Schultagen verkehrt die Buslinie 680 von Neustrelitz über Granzin nach Kratzeburg, www.mvvg-bus.de.

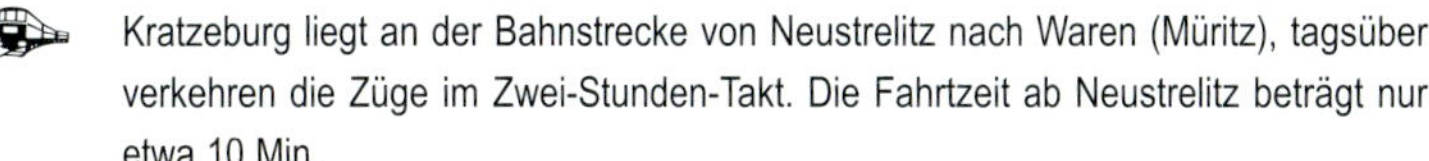

Kratzeburg liegt an der Bahnstrecke von Neustrelitz nach Waren (Müritz), tagsüber verkehren die Züge im Zwei-Stunden-Takt. Die Fahrtzeit ab Neustrelitz beträgt nur etwa 10 Min.

P kostenloser Parkplatz neben der Badestelle in einer Bucht am Nordostufer des Käbelicksees hinter der Bahnunterführung etwa 500 m vor dem Campingplatz; Anfahrt: über die B193 von Neustrelitz nach Norden Richtung Neubrandenburg und nach ca. 8 km links ab in Richtung Kratzeburg, gleich am Ortseingang links abbiegen Richtung Campingplatz

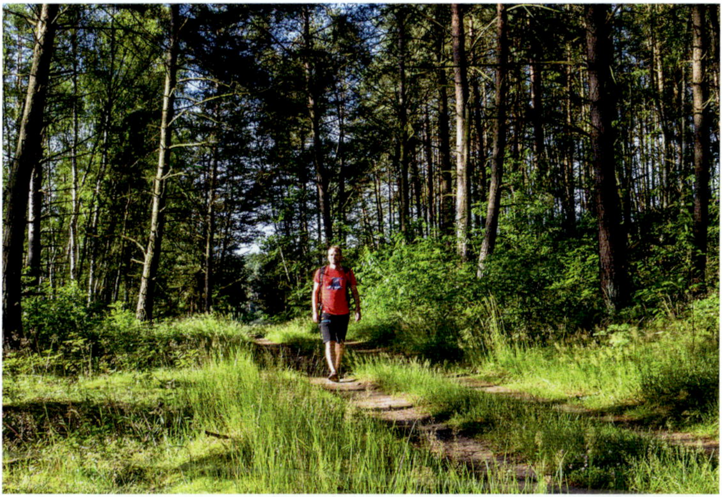

Waldweg zwischen Campingplatz und Schulzensee

Vom Parkplatz an der Badestelle an der Straße Richtung ⛺ Campingplatz Naturfreund nehmen Sie den breiten, sandigen, nach links abzweigenden Weg und laufen zunächst leicht bergauf. Der Weg beschreibt eine Rechtskurve und führt als schmaler Pfad am Zaun entlang und parallel zum links unterhalb liegenden Bahndamm.

Nach gut 500 m erweitert sich der Pfad zu einer breiteren Piste, entfernt sich in einer Rechtskurve von den Bahngleisen und führt an der Zeltwiese des großen, etwas abseits des eigentlichen Campingplatzes gelegenen Gruppenplatzes vorbei auf die Straße. Auf dieser laufen Sie kurz nach links weiter. Der Belag wechselt von Asphalt zu Pflaster und Sie biegen sogleich nach rechts auf den Waldweg ab ❶.

Dieser führt Sie rechts durch die flache Sumpfniederung am Ufer des Kleinen Bodensees mit zahlreichen abgestorbenen Baumstümpfen vorbei. Sobald der Weg wieder zu steigen beginnt, biegen Sie zwischen den Balken am Wegesrand hindurch nach rechts auf einen schmaleren Waldweg ab.

An der nach knapp 800 m folgenden Weggabelung zeigt das kleine Holzschild „Zeltplatz 0,5 km" geradeaus den Weg zum ⛺ Campingplatz Naturfreund am Ostufer des Käbelicksees an und Sie wenden sich nach links und folgen nun dem wildromantischen Weg unmittelbar am Südufer des Käbelicksees entlang. Hinter den Baumstämmen glitzert die Sonne in den Wellen auf der Wasseroberfläche und nur das Zwitschern der Vögel, das Krächzen der Krähen und der Ruf des Kuckucks sind zu vernehmen. Ansonsten ist es absolut still.

Nach rund 1,7 km entfernt sich der Weg in einer Linkskurve vom Ufer und trifft auf eine breite Sandpiste, der Sie nach rechts folgen. Diese führt Sie parallel zur noch sehr jungen Havel zur Kopfsteinpflasterstraße am Ortseingang von Granzin.

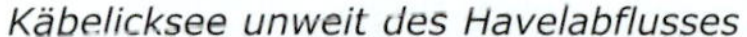

Käbelicksee unweit des Havelabflusses

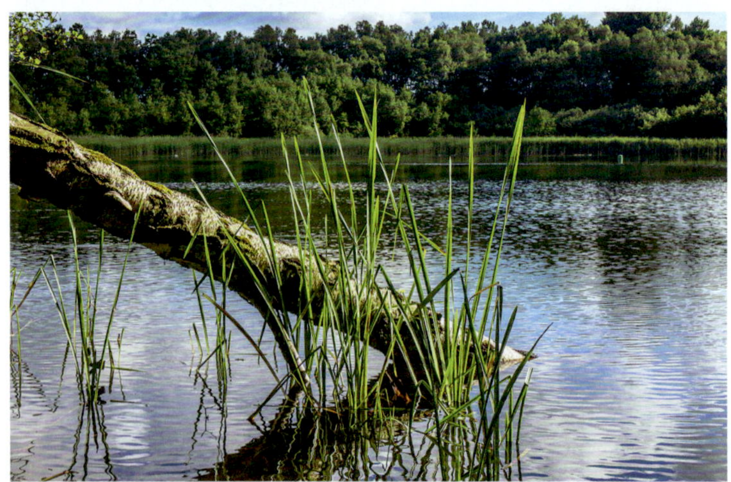

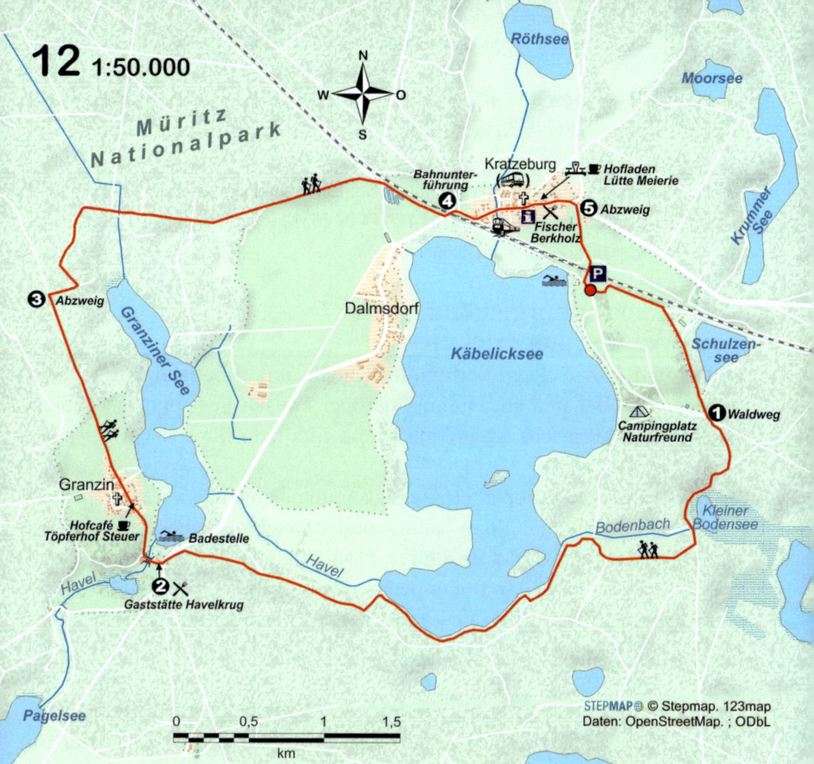

Wenige Schritte nach rechts zweigt der Pfad zur schönen Badestelle am Südufer des Granziner Sees mit Steg und Wiese ab.

Für die Fortsetzung der Wanderung wenden Sie sich auf der Kopfsteinpflasterstraße aber nach links in den Ort und biegen gleich bei der Gaststätte Havelkrug rechts ab ❷. Der traditionelle mecklenburgische Gasthof lockt mit einer großen Terrasse mit Blick auf die Havel und italienischem Charme, denn hier wird aus regionalen Produkten leckere italienische Küche zubereitet.

Gaststätte Havelkrug, Granzin 1, 17237 Kratzeburg, ☏ 03 98 22/202 32, www.havelkrug.de, im Sommer Do-Mo 12:00-22:00, Di und Mi geschlossen

Beim Bauwagen des Kanuverleihs Kormoran Kanutouring überqueren Sie die Havelbrücke und laufen weiter in nördliche Richtung.

Kormoran Kanutouring, Havelbrücke Granzin (neben Granzin 28), 17237 Kratzeburg, ☏ 03 98 22/298 88, 01 72/274 09 66, www.kormoran-kanutouring.de, in der Saison tgl. 9:30-19:00

Die Mecklenburgischen Seen vom Wasser aus erleben

Große und kleine Seen, verträumte Kanäle mit Bibern und Eisvögeln entlang der Ufer und am Himmel darüber kreisen See- und Fischadler: Die Mecklenburgische Seenplatte ist ein Eldorado für alle Wassersportbegeisterte.

Dabei punktet Europas größtes zusammenhängendes Wassersportrevier nicht nur mit einmaliger Natur, sondern auch mit einer hervorragenden Infrastruktur. Es gibt unzählige Möglichkeiten für den Bootsurlaub und jeder Freizeitkapitän findet genau den passenden Törn.

Um gemächlich mit einem komfortablen Hausboot über die Mecklenburgischen Seen zu schippern, braucht es nicht einmal einen Führerschein, denn für Boote bis 15 PS reicht ein Charterschein, den Sie bei den Verleihern schon nach einem dreistündigen Kurs ausgehändigt bekommen. Wer sich einen Kindheitstraum erfüllen und Abenteuer im Stil von Tom Sawyer und Huckleberry Finn erleben möchte, kann mit dem Charterfloß einsame Badebuchten ansteuern und natürlich ist das Wasserlabyrinth wie gemacht für Paddler. Von der Tagestour bis zur mehrtägigen Gepäckfahrt ist alles möglich, sodass sowohl Anfänger wie auch Kanuprofis voll auf ihre Kosten kommen.

Aber auch wer selbst nicht Kapitän sein möchte, kann die Mecklenburgische Seenplatte vom Wasser aus erleben und an mehreren Häfen für ein paar Stunden oder einen ganzen Tag lang an Bord eines Ausflugsdampfers gehen. Weitere Informationen zu den vielfältigen Wassersportmöglichkeiten und Angeboten finden sich unter:

www.mecklenburgische-seenplatte.de/faszination-wasser.

Nach rund 400 m bietet das idyllische Hofcafé am Töpferhof Steuer eine weitere Möglichkeit zur Einkehr.

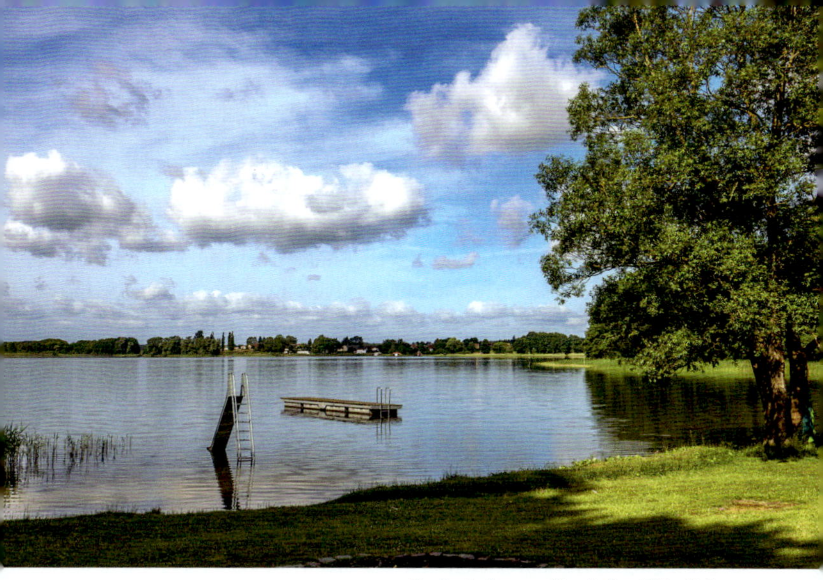

Badestelle am Nordufer Käbelicksee

Hofcafé, Granzin 4, 17237 Kratzeburg, www.toepferhof-steuer.de, 03 98 22/202 42, Mai-Okt tgl. 9:00-18:00

Im weiteren Verlauf passieren Sie einen kleinen Spielplatz und die links der Straße auf einem kleinen Hügel thronende ✝ Dorfkirche aus Backstein.

Hinter den letzten Häusern setzen Sie die Wanderung auf dem Feldweg fort. Dieser wird bald wieder sandig und führt durch lichten Kiefernwald. An der größeren Kreuzung nach rund 1,3 km folgen Sie dem Wegweiser „Kratzeburg 3,3 km" nach rechts ❸ und bleiben fortan stets auf dem Hauptweg. Bei genauerem Hinsehen lassen sich an den Stämmen links und rechts des Weges v-förmige Einschnitte in der Rinde erkennen. Sie erinnern an die Zeit vor der Einrichtung des Nationalparks und sind das Erbe der einst üblichen Kiefernharzernte. Aus dem gewonnenen Rohharz wurden Kolophonium und Terpentin gewonnen, die dann als Rohstoff für die industrielle Produktion von Lacken, Farben und Leim genutzt wurden.

Nach gut 2 km schönem Waldspaziergang erreichen Sie einen breiten Feldweg vor einer Wiese am Waldrand. Hier wenden Sie sich nach links und laufen bald darauf am Bahndamm entlang.

Knapp 500 m weiter wechseln Sie durch die Unterführung ❹ auf die gegenüberliegende Seite der Bahnstrecke und biegen an der Kreuzung nach rechts ab. Auf der Dorfstraße laufen Sie zum westlichen Ortseingang von Kratzeburg.

Als erstes passieren Sie die nach rechts abzweigende Zufahrt zum Dorfbahnhof und knapp 250 m weiter linker Hand die Fachwerkkirche von 1786, die zwei sehenswerte Schnitzaltäre aus dem späten 15. Jh. im Inneren beherbergt. Schräg gegenüber liegt die Nationalpark-Information mit dem Flatterhus. Das Obergeschoss beherbergt eine Fledermausausstellung, das Erdgeschoss präsentiert die Geschichte des Dorfes auf einigen Schautafeln.

Nationalpark-Information, Dorfstraße 31, 17237 Kratzeburg, ☏ 03 98 22/296 65, Ostern und Mai-Okt tgl. 10:00-17:00

Im weiteren Verlauf bieten erst der Hofladen Lütte Meierie mit einem Café und dann Fischer Berkholz mit eigener Räucherei und Fischimbiss die Möglichkeit, sich mit regionalen Produkten zu stärken.

Café des Hofladens Lütte Meierie, Dorfstraße 5, 17237 Kratzeburg, ☏ 03 98 22/202 02, www.luette-meierie.de, keine festen Öffnungszeiten

Fischer Berkholz, Dorfstraße 34, 17237 Kratzeburg, ☏ 03 98 22/299 66, www.fischerei-berkholz.de, Mai-Aug tgl. 14:00-18:00, Sep/Okt Mi-So 14:00-17:00

Unweit des Havelabflusses

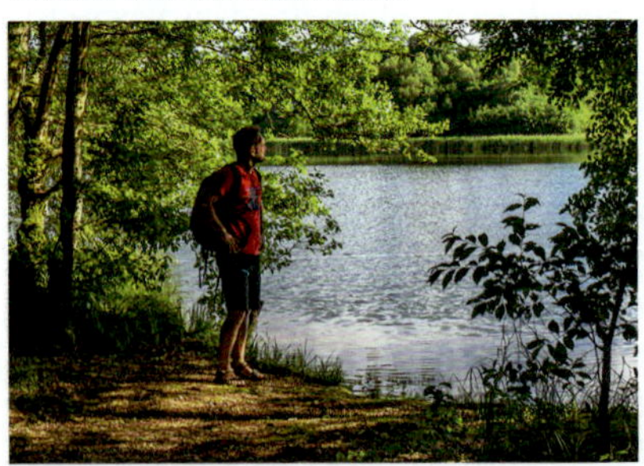

Rund 150 m weiter wenden Sie sich am Ortsausgang nach rechts und folgen sogleich dem Wegweiser nach rechts in Richtung Badestelle/Campingplatz Naturfreund ❺, um zurück zum Ausgangspunkt zu laufen, den Sie kurz hinter der Bahnunterführung erreichen.

Mecklenburgische Kleinseen

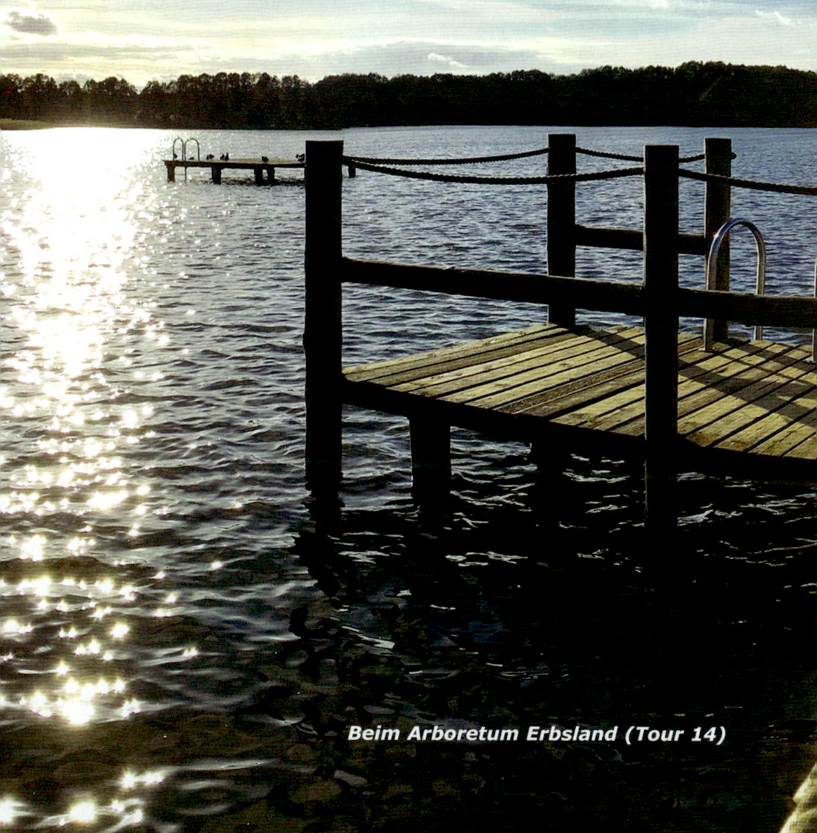

Beim Arboretum Erbsland (Tour 14)

⑬ Um den Jamelsee

Spaziergang für große und kleine Naturfreunde

Kurz, aber oho. Der kurzweilige, äußerst abwechslungsreiche Spaziergang um den Jamelsee startet durch die Felder westlich von Blankenförde, eröffnet an der Brücke über die Havel die Möglichkeit, den Paddlern zuzuschauen, und führt dann am Ufer des zauberhaften Jamelsees zurück. Zu Beginn oder am Ende der Tour warten in Blankenförde gleich mehrere Einkehrmöglichkeiten und der Infopunkt des Nationalparks auf einen Besuch.

Start/Ziel: Nationalpark-Infopoint in Blankenförde, GPS N 53°21.305' E 012°55.360'

3,7 km

1 Std.

30 m/30 m

50-60 m

Die vorgestellte Route ist durchgehend mit einer gelben Schnecke markiert.

überwiegend – z. T. sandige – Feldwege; zum Schluss auf dem Bürgersteig entlang der Dorfstraße durch Blankenförde

Restaurant Räucherkate (km 2,8) und Café (km 0,2/km 3,5) in Blankenförde

Entlang des Streckenverlaufs gibt es keine Sitzbänke.

Hofladen Raus ins Grüne (km 0,2/km 3,5), kleiner Kiosk am Campingplatz (km 2,4)

Mehrere natürliche Buchten am Westufer des Jamelsees. Die schöne Badestelle mit großem Strand auf dem Campingplatz ist leider nicht allgemein zugänglich und bleibt Gästen vorbehalten.

Die abwechslungsreiche Natur mit Wald und Wasser am Wegesrand macht diesen kurzen Spaziergang auch für kleinere Kinder sehr interessant.

Die Feldwege mit schmalen Doppelfahrspuren, die durch einen grasbewachsenen Mittelstreifen getrennt sind, und eine oftmals sandige Oberfläche erschweren die Fahrt mit einem Kinderwagen.

Die Tour ist gut für Hunde geeignet. Im Bereich des Nationalparks besteht Leinenpflicht.

Aufgrund des spärlichen ÖPNV-Angebots gibt es keine praktikable Alternative zur Anreise mit dem eigenen Pkw.

P großer, kostenloser Parkplatz an der Nationalpark-Information; Anfahrt: aus Berlin über die B96 nach Neustrelitz und weiter auf der B198 bis Wesenberg, hier an der

Ampel rechts ab bis zur Useriner Mühle und hier links weiter, ca. 3 km hinter Zwenzow dann rechts ab bis Blankenförde; aus Hamburg auf der A24 bis Kreuz Wittstock und weiter auf der A19 bis zur Ausfahrt Röbel, über die B198 Richtung Neustrelitz bis Mirow und an der Ampelkreuzung in der Ortsmitte links ab und über Granzow und Roggentin nach Blankenförde, der Parkplatz an der Nationalpark-Information befindet sich am nördlichen Ortsende hinter der Kirche

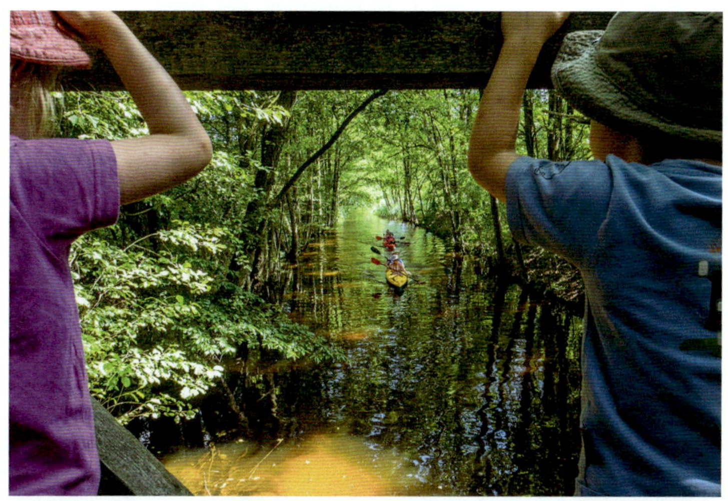

Brücke über die Havel

Der beschauliche Doppelort mit dem interessanten Namen Blankenförde-Kakeldütt liegt im südlichen Teil des Nationalparks und ist besonders Paddlern ein Begriff, denn hier kommt die beliebte und vielbefahrene Wasserwanderstrecke Obere Havel vorbei.

Am nördlichen Ortsausgang informiert die **i** Nationalpark-Information in einer kleinen, einräumigen Ausstellung über die Natur der Region und hält die üblichen Informationsbroschüren zu Nationalpark- und Freizeitangeboten bereit.

i Nationalpark-Information, Blankenförde 30, 17252 Roggentin, ☏ 03 98 29/22 91 90, Ostern, Mai-Okt tgl. 10:00-17:00

Vom Parkplatz folgen Sie dem Wegweiser „Zu den Wanderwegen" nach links über die Dorfstraße an der 1702 errichteten ✞ Nikolai-Kirche ❶ vorbei. Der Turm der Fachwerkkirche ist mit Holz verschalt und die Ausstattung im Inneren stammt zu großen Teilen noch aus dem 18. Jh.

Nach gut 100 m biegen Sie vor dem Hofladen und Café Raus ins Grüne nach rechts ab und wenden sich gleich an der folgenden Kreuzung bei dem Gerätehaus der Freiwilligen Feuerwehr nach links.

Hofladen und Café Raus ins Grüne, Blankenförde 21, 17252 Mirow, OT Blankenförde, ☏ 03 98 29 225 62, keine festen Öffnungszeiten

Der Feldweg führt hinter den letzten Häusern vor der locker mit Kiefern bewachsenen Binnendüne nach links und dann zwischen Wald und Feld weiter. Nach etwa 350 m schwenkt die Fahrspur in eine leichte Rechtskurve und bringt Sie zu der nächsten Wiese und über diese hinweg. Am Ende der Wiese schwingt der Weg schließlich nach links und bringt Sie als Pfad zur Holzbrücke über die Havel ❷. Im Sommer können Sie hier den zahlreich vorbeikommenden Paddlern zuwinken.

Dorfkirche in Blankenförde

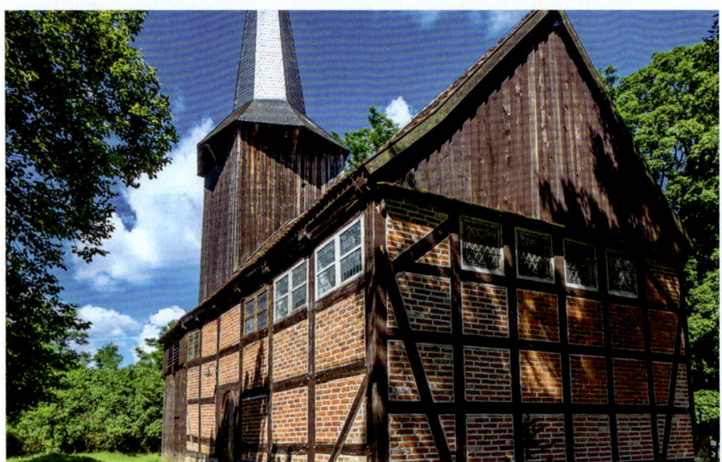

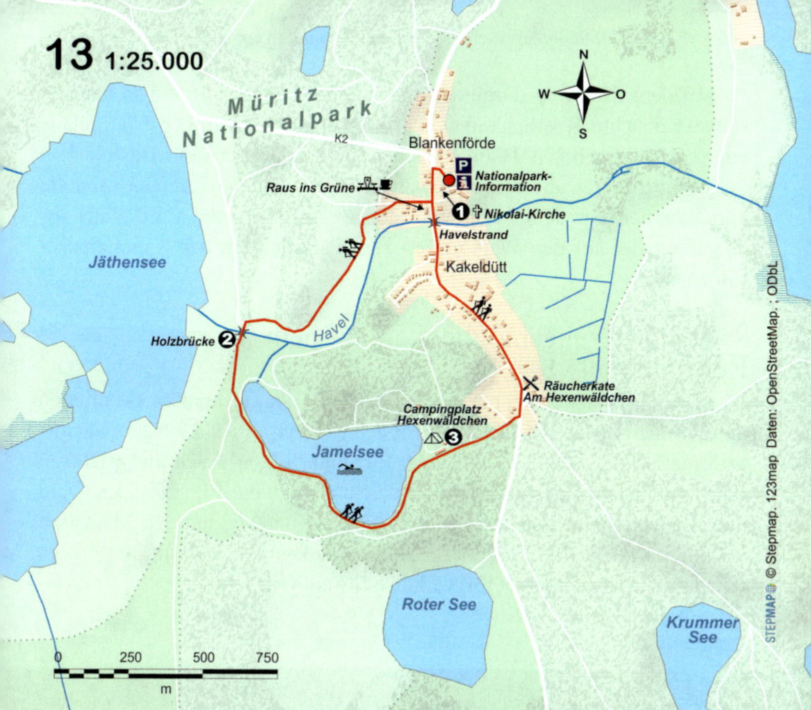

Hinter der Brücke laufen Sie geradeaus über die sandige Wiese weiter in südliche Richtung und erreichen nach ca. 250 m das Ufer des Jamelsees. Nun laufen Sie immer am Seeufer entlang. An mehreren Stellen gibt es kleine, sandige Buchten, die zum Plantschen einladen, und nach etwa 1 km erreichen Sie die Schranke an der Zufahrt zum ⛺ Campingplatz. Hier laufen Sie auf der Straße nach rechts weiter bis zur Einmündung in die Straße aus Roggentin am Ortseingang von Kakeldütt.

Hier wenden Sie sich nach links und die ✕ Räucherkate Am Hexenwäldchen bietet eine Möglichkeit, sich bei Kaffee, Kuchen oder Eis zu stärken.

✕ Räucherkate Am Hexenwäldchen, Blankenförde 2a, 17252 Mirow, OT Blankenförde, ☏ 03 98 29/202 15, Mai-Sep tgl. 11:30 bis 21:00

Auf dem Rückweg durch den Ort wird entlang der Straße so manche selbst gemachte Köstlichkeit wie Honig direkt vom Imker, Marmelade oder Likör feilgeboten. Dann erreichen Sie den Wasserwanderrastplatz.

Sie überqueren die Havelbrücke mit Blick auf die Kanueinsatzstelle und kommen bei dem bekannten Hofladen und Café Raus ins Grüne wieder auf den Weg zurück zum Parkplatz an der Nationalpark-Information.

Verlängerungsmöglichkeit auf dem Rohrdommelweg

Wer bei dem Spaziergang um den Jamelsee auf den Geschmack gekommen ist und noch etwas weiterwandern möchte, kann an der Nationalpark-Information der Straße in nördliche Richtung folgen. Nach knapp 200 m führt das blaue M des Müritz-Nationalpark-Wegs nach links in den Wald und Sie treffen auf den etwa 2,5 km langen Rundweg um den Madensee (Markierung rote Rohrdommel). Er führt auf einem Holzsteg durch ein renaturiertes Feuchtgebiet mit weiten Schilfgürteln.

Brücke über die Havel

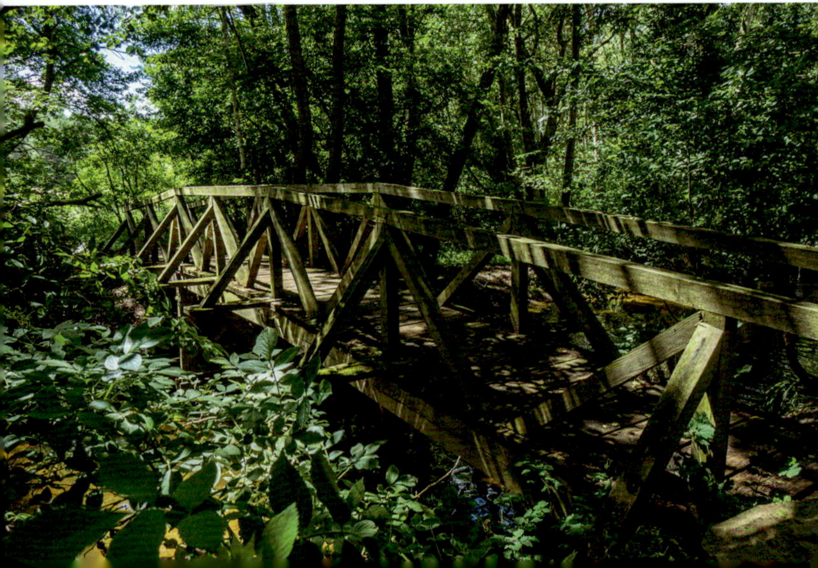

14 Arboretum Erbsland

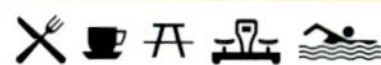

Ausgedehnte Waldrunde für Dendrologie-Fans

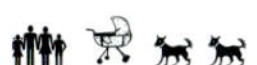

Diese Runde führt durch ausgedehnte Waldgebiete östlich einer Kette lang gestreckter Rinnenseen, die die Kleinseenplatte mit der Müritz verbindet. Am Start bzw. Ziel wie auch auf halber Strecke am Leppinsee besteht die Möglichkeit zur Einkehr oder für einen Badestopp. Ein Kleinod ist das bereits 1887 angepflanzte Arboretum Erbsland mit uralten, teils über 40 m hohen Bäumen.

Start/Ziel: Granzow, GPS N 53°18.053' E 012°48.760'

15,7 km

4 Std.

70 m/70 m

50-65 m

Die vorgestellte Route ist nicht durchgehend markiert.

Hinweg auf breitem Waldweg, der zur Fahrradstraße ausgebaut wurde; zweite Hälfte über Feld- und Waldwege

Pfannkuchenhaus im Ferienpark Granzow (km 0,3), Imbiss bei Paddel-Paul am Leppinsee (km 6,1), Bistro Entenhausen und Strandimbiss an der Badestelle in Granzow (km 15,2)

Rastplätze mit Tischen und Bänken am Nationalparkeingang Schillersdorf (km 7,9) und am Arboretum (km 11,2), im übrigen Wegverlauf sonst keine Sitzgelegenheiten

kleiner SB-Laden am Ferienpark Granzow (km 0,3)

Badestelle am Camping Leppinsee (5,8 km), Badestelle Granzow (km 15,1)

Die Wanderung ist nur für ältere Kinder mit entsprechender Kondition geeignet. Für den etwas eintönigen Abschnitt auf der ersten Hälfte der Tour entschädigen der große Spielplatz und die Badestelle in Granzow am Ende.

Die erste Hälfte der Tour bis zum Leppinsee – auf dem zu einer breiten, komfortablen Fahrradstraße ausgebauten Waldweg – ist für Kinderwagen aller Art, auch Buggys, uneingeschränkt geeignet. Mit dem Kinderwagen empfiehlt es sich dann aber, auf dem gleichen Weg zurückzukehren, da die Feld- und Waldwege von Schillersdorf zurück nach Granzow zu unwegsam sind.

Die Tour ist aufgrund des praktisch nicht vorhandenen Autoverkehrs, schöner Waldwege und der Wassernähe für Hunde geeignet.

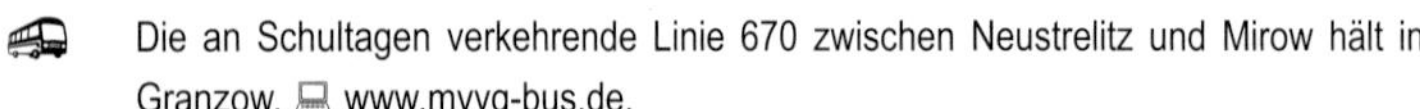

Die an Schultagen verkehrende Linie 670 zwischen Neustrelitz und Mirow hält in Granzow, www.mvvg-bus.de.

Das benachbarte Mirow verfügt über einen Bahnhof. Die Regionalbahn von/nach Neustrelitz verkehrt tagsüber im Zwei-Stunden-Takt.

P großer, kostenloser Parkplatz gleich am Ortsbeginn von Granzow; Anfahrt: über die B198 bis Mirow, in der Ortsmitte an der Ampelkreuzung bei der Apotheke/Sparkasse Richtung Userin abbiegen und 3 km weiter bis Granzow

Vom großen Parkplatz am Ortseingang von Granzow starten Sie auf der Straße in Richtung Ortsmitte und laufen am Friedhof geradeaus auf der Walter-Gotsmann-Straße weiter. Sie passieren die Rezeption des Ferienparks Granzow. Hier bieten der Minimarkt Holiday Shop ❶ und wenig später das Krämerlädchen (gehört zum Café Pfauenhof) eine Gelegenheit, um sich mit Proviant für die Wanderung zu versorgen. Sie können sich auch direkt vor Ort im Pfannkuchenhaus oder im Café Pfauenhof stärken.

Minimarkt Holiday Shop, Walter-Gotsmann-Straße 2, 17252 Mirow, OT Granzow, ☎ 03 98 33/600, April-Nov tgl. 7:30-20:00

Pfannkuchenhaus, Walter-Gotsmann-Straße 2, 17252 Mirow, OT Granzow, ☎ 03 98 33/60 49 85, www.pfannkuchenhaus-deluxe.de, So-Do 11:00-20:00, Fr/Sa 11:00-21:00

Café Pfauenhaus und Krämerlädchen, Walter-Gotsmann-Straße 4, 17252 Mirow, OT Granzow, ☎ 03 98 33/211 08, keine festen Öffnungszeiten

Nachdem Sie die Ferienhäuser hinter sich gelassen haben, erreichen Sie den zu einer Fahrradstraße ausgebauten Waldweg. Auch wenn der Untergrund gepflastert und der Weg recht breit ist, läuft es sich dennoch recht idyllisch durch einen weitläufigen, einsamen Kiefernforst.

Die Warnschilder „Munitionsbelastetes Gebiet – Betreten verboten" am Wegesrand sollten Sie ernst nehmen.

Nach gut 2 km verlassen Sie die Fahrradstraße auf der Piste nach links und laufen bis zu den Häusern von Teerofen ❷. Hier halten Sie sich rechts und kommen zurück zur breiten Fahrradstraße, auf der Sie die Wanderung nach links fortsetzen.

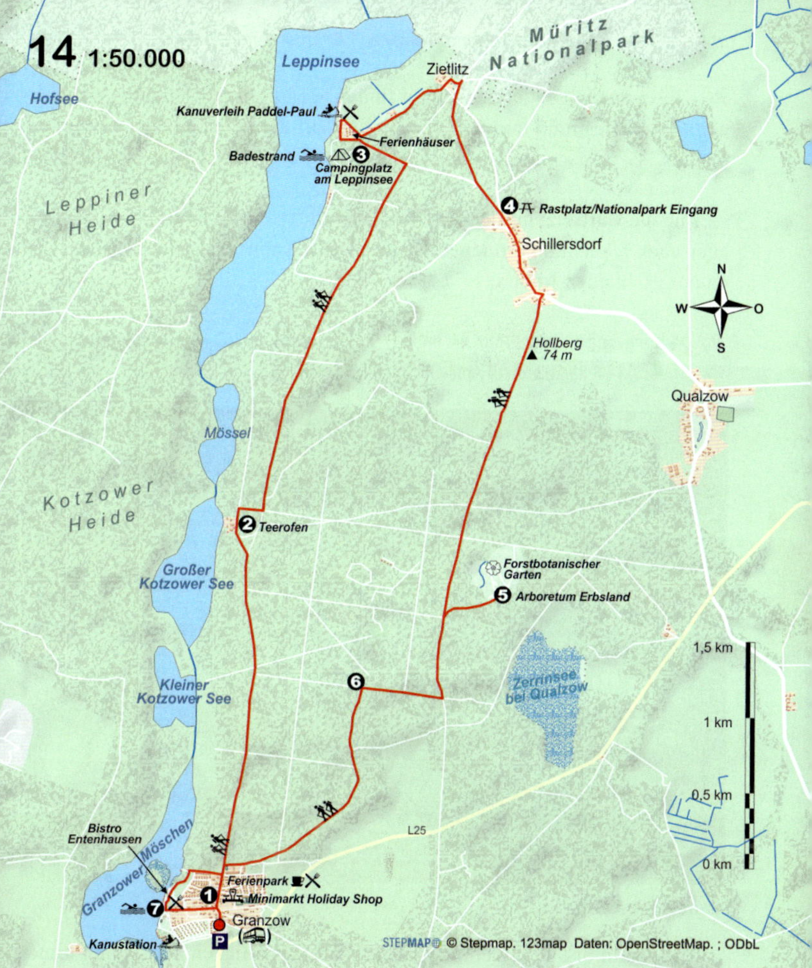

Etwa 2,5 km weiter kreuzt eine asphaltierte Fahrradstraße. Es handelt sich um die Zufahrtsstraße zum ⛺ Campingplatz am Leppinsee, der Sie nach links leicht bergab in Richtung Seeufer folgen.

Nach knapp 300 m passieren Sie die Eingangsschranke und die Rezeption ❸. Sie laufen geradeaus weiter und links an der Ferienbungalowsiedlung vorbei.

An der folgenden Kreuzung finden Sie in linker Richtung den schönen Badestrand inmitten der Kiefern auf dem Gelände des Campingplatzes.

Für die Fortsetzung der Wanderung wenden Sie sich an der Kreuzung aber nach rechts und erreichen bald den Kanuverleih Paddel-Paul mit einem kleinen Imbiss.

Kanuverleih Paddel-Paul mit Imbiss, Schillersdorf 1, 17252 Mirow,
03 98 29/203 24, April-Okt tgl. 9:00-18:00

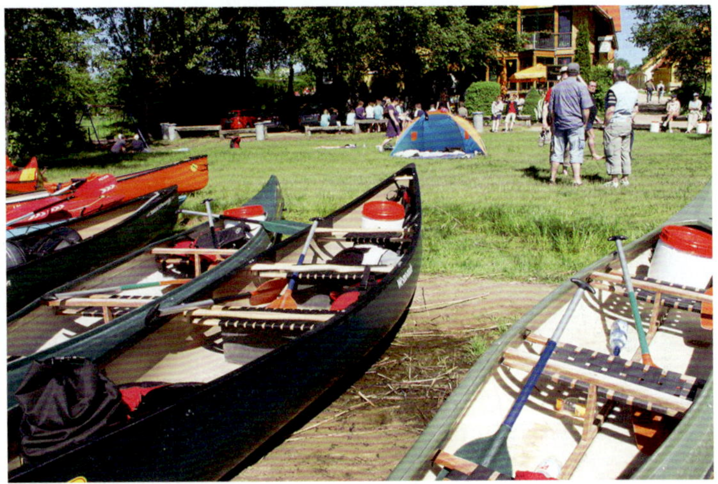

Badestelle Granzow

An der Imbisshütte kehren Sie dem See den Rücken und laufen hinter den Ferienhäusern zurück in Richtung der Straße, auf der Sie gekommen sind, biegen davor aber scharf nach links ab.

Nach knapp 650 m laufen Sie am Zaun vor den Häusern von Zietlitz nach rechts, überqueren die Fortsetzung der bereits bekannten Fahrradstraße und folgen an der kurz darauf folgenden Weggabelung dem Wegweiser mit den Symbolen eines grünen Baums/gelben Fahrradfahrers nach rechts in Richtung Schillersdorf.

Der Waldweg bringt Sie zurück auf die asphaltierte Straße, der Sie nach links folgen, und am Nationalparkeingang in Schillersdorf bietet ein ⛼ Rastplatz die Möglichkeit zu einer Pause ❹. Anschließend laufen Sie weiter durch den Ort. Hinter dem schilfbewachsenen Dorfteich am südöstlichen Ortsausgang kehren Sie der Straße nach rechts den Rücken und folgen dem überwachsenen Feldweg. Er führt in südliche Richtung zunächst über die Felder der leichten Erhebung des Hollbergs und erreicht dann den Wald.

Der Weg ist im weiteren Verlauf mit einem grünen Punkt bzw. gelben Balken markiert und nach etwa 1,3 km Waldspaziergang erreichen Sie eine Wegkreuzung an einer eingezäunten Fläche. Hier wenden Sie sich für den Abstecher zum Arboretum scharf nach links und erreichen nach weiteren 400 m den Eingang zum Forstbotanischen Garten ❺.

Das Arboretum Erbsland gehört zu den ältesten Gehölzsammlungen in Deutschland. Bereits 1887 legte der Mirower Oberforstinspektor Friedrich Scharenberg eine rund 7 ha große Versuchsfläche an und pflanzte diverse nicht heimische Bäume wie Scharlacheichen, Roteichen, Hickorynussbaum, Küstentannen oder Goldkiefern an. Ziel war es, herauszufinden, welche Baumarten sich zum Anbau in der hiesigen Forstwirtschaft eignen und das regionale Klima vertragen würden. Nicht alle damals angepflanzten Bäume vertrugen das Experiment, aber noch heute sind 30 Baumarten erhalten. Besonders imposant ist eine über 40 m hohe Douglasie und Infotafeln erklären, um welche Baumart es sich im Einzelnen handelt. Der Name „Erbsland“ erklärt sich wahrscheinlich dadurch, dass die Bauern auf dieser Fläche ursprünglich Erbsen angebaut hatten.

Vom Arboretum laufen Sie auf dem bekannten Weg zurück zum breiten Waldweg und setzen die Wanderung in südliche Richtung fort. Nach etwa 450 m informieren Hinweistafeln am linken Wegesrand über die sogenannten Schwedenschanzen. Die Hügel mitten im Wald sind ein Relikt der letzten Eiszeit.

An der darauffolgenden Kreuzung halten Sie sich rechts. Nun können Sie entweder den Waldweg geradeaus weiterlaufen, um am Ende auf die vom Hinweg bekannte Fahrradstraße zu treffen, die Sie nach Granzow zurückbringt. Oder aber Sie biegen gleich an der ersten Kreuzung ❻ nach

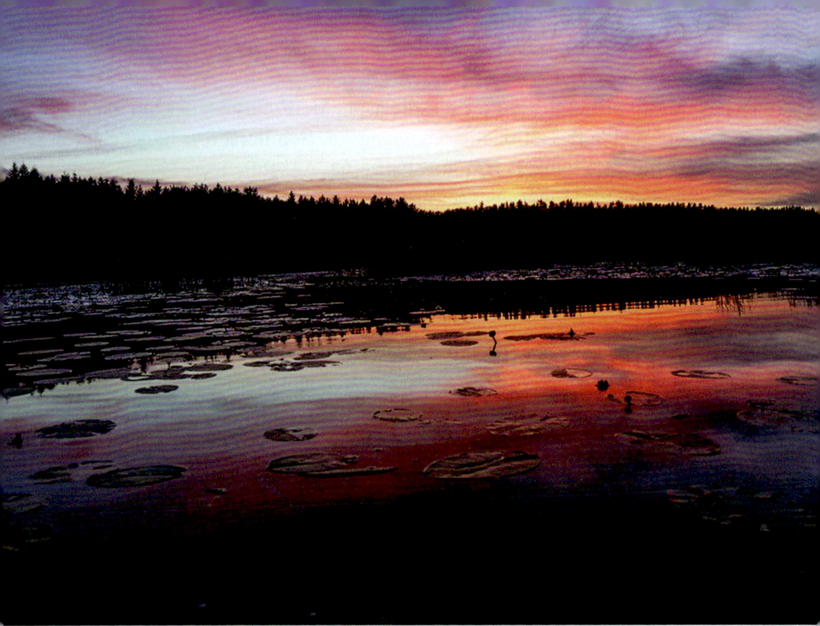

Abendstimmung am Granzower Möschen

links ab und folgen diesem Weg in einer weiten Rechtskurve zurück bis zum Beginn der Fahrradstraße am Rand des Ferienparks.

Dort empfiehlt sich statt des direkten Wegs zurück zum Parkplatz, gleich an der ersten Möglichkeit (Wildgansstraße) nach rechts abzubiegen und an den Ferienhäusern vorbei bis zum Seeufer und dort vor dem Boots- und Angelsteg nach links weiterzulaufen. Am großen Abenteuerspielplatz vorbei kommen Sie zur schönen, beliebten Badestelle am Granzower Möschen mit Steg und großer Liegewiese ❼.

Um das leibliche Wohl nach der langen Wanderung kümmern sich das Bistro Entenhausen und der Strandimbiss.

Bistro Entenhausen, Seestraße 13, 17252 Mirow, OT Granzow, ☏ 03 98 33/223 50, www.bistro-entenhausen.de, April-Okt tgl. 11:00-20:00

♦ Strandimbiss, keine Adresse (direkt gegenüber vom Bistro Entenhausen), ungewiss

Auf der Straße zwischen den beiden Einkehrmöglichkeiten hindurch gelangen Sie anschließend zurück zum Ausgangspunkt der Wanderung.

Schloss Mirow

Etwas versteckt und abseits der Durchgangsstraße erinnert das barocke Residenzschloss der Mecklenburger Herzöge an die herrschaftliche Vergangenheit des beliebten Ferienorts Mirow an der Mecklenburgischen Kleinseenplatte.

Es wurde im 18. Jahrhundert nach Plänen des Baumeisters Christoph Julius Löwe unter Adolf Friedrich III. als Witwensitz für seine Stiefmutter Elisabeth-Albertine errichtet. Während das eigentliche Residenzschloss in Neustrelitz 1945 komplett zerstört wurde, geriet das Mirower Schloss in Vergessenheit und überstand dank der abgeschiedenen Lage auch die beiden Weltkriege ohne schwerere Schäden. In der DDR diente das Gebäude vorübergehend als Altenheim und stand ab 1991 leer. 2003 entschloss sich das Land Mecklenburg-Vorpommern dazu, Schloss und Park zu retten und nach den aufwändigen, über 10 Jahre dauernden Restaurierungsarbeiten kann das Kleinod heute wieder besichtigt werden. Hinter der eher schlichten Fassade verbirgt sich eine kostbare Innenausstattung aus der Zeit der Herzöge. Besonders beeindruckend ist der prächtige hochbarocke Festsaal mit üppigen Stuckarbeiten, Schnitzereien, Seidentapeten und Ölgemälden.

Weitere architektonische Glanzpunkte auf der Schlossinsel sind das zweigeschossige Torhaus aus der Mitte des 16. Jh., das Kavaliershaus sowie die schlichte Remise, die zum Konzertsaal umgebaut wurde.

Rund um das Gebäudeensemble laden die malerisch geschwungenen Wege durch den im Stil eines englischen Landschaftsgartens angelegten Park zum Lustwandeln ein. Eine schmale Brücke führt hinüber zur Liebesinsel, wo das Grabmal des letzten Herzogs von Mecklenburg-Strelitz, Großherzog Adolph Friedrich VI., zu finden ist und ein schönes Panorama über die glitzernde Wasserfläche des Mirower Sees und die typischen Bootsschuppen am gegenüberliegenden Ufer zu bewundern sind.

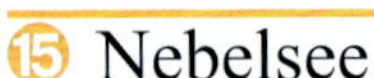

15 Nebelsee

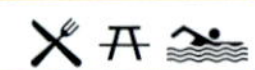

Rundgang für wanderfreudige Seenliebhaber

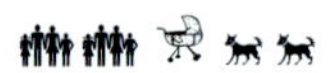

Der etwa 3 km lange und rund 700 m breite Nebelsee bildet den südlichen Abschluss der Mecklenburgischen Seenplatte und sein äußerster südlichster Zipfel ragt bereits in das Bundesland Brandenburg hinein. Der See ist eingebettet in eine weitläufige Waldlandschaft und während die Ufer im südlichen Teil dicht mit Wochenend- und Ferienhäusern besetzt sind, warten im nördlichen Bereich Natur pur und eine schöne Badestelle.

Start/Ziel: Ichlim/Lärz, GPS N 53°14.861' E 012°40.712'

9,5 km

2 Std. 30 Min.

40 m/40 m

60-70 m

Der Rundweg um den Nebelsee ist nicht markiert.

überwiegend naturbelassener Uferweg

Gastronomie im Seehotel Ichlim (km 0/km 9,5)

mit Ausnahme von Sitzbänken an der Badestelle am Nordufer (km 5) keine Sitzgelegenheiten entlang der Strecke

Badestelle am Nordufer (km 5), kleiner Badestrand am Seehotel Ichlim (km 0/km 9,5)

Die Strecke ist durchgehend autofrei und durch die Nähe zum Wasser und die beiden Badestellen hervorragend für Kinder mit etwas Ausdauer geeignet.

Der Uferweg durch den Wald ist nicht übermäßig holprig und lässt sich mit einem geländegängigen Kinderwagen gut befahren. Problematisch ist der quasi weglose Abschnitt über die Wiese am Ufer des Nebelsees gleich zu Beginn der Tour, aber auch dieser ist mit einem geländegängigen Kinderwagen machbar.

Die Tour auf einsamen Wegen ohne Autos und in Wassernähe ist gut für Hunde geeignet.

Die Anreise ist nur mit eigenem Pkw möglich, es besteht keine Verbindung mit öffentlichen Verkehrsmitteln.

P Parkmöglichkeit am Straßenrand gegenüber vom Seehotel Ichlim, die Parkplätze vor der Tür bleiben Gästen vorbehalten. Anfahrt: über die A19 bis zur Ausfahrt 20 Wittstock und weiter auf der B189 Richtung Wittstock/Pritzwalk, durch Wittstock der Ausschilderung in Richtung Röbel folgen und über Berlinchen nach Sewekow, hier rechts ab Richtung Mirow und knapp 2 km bis Ichlim

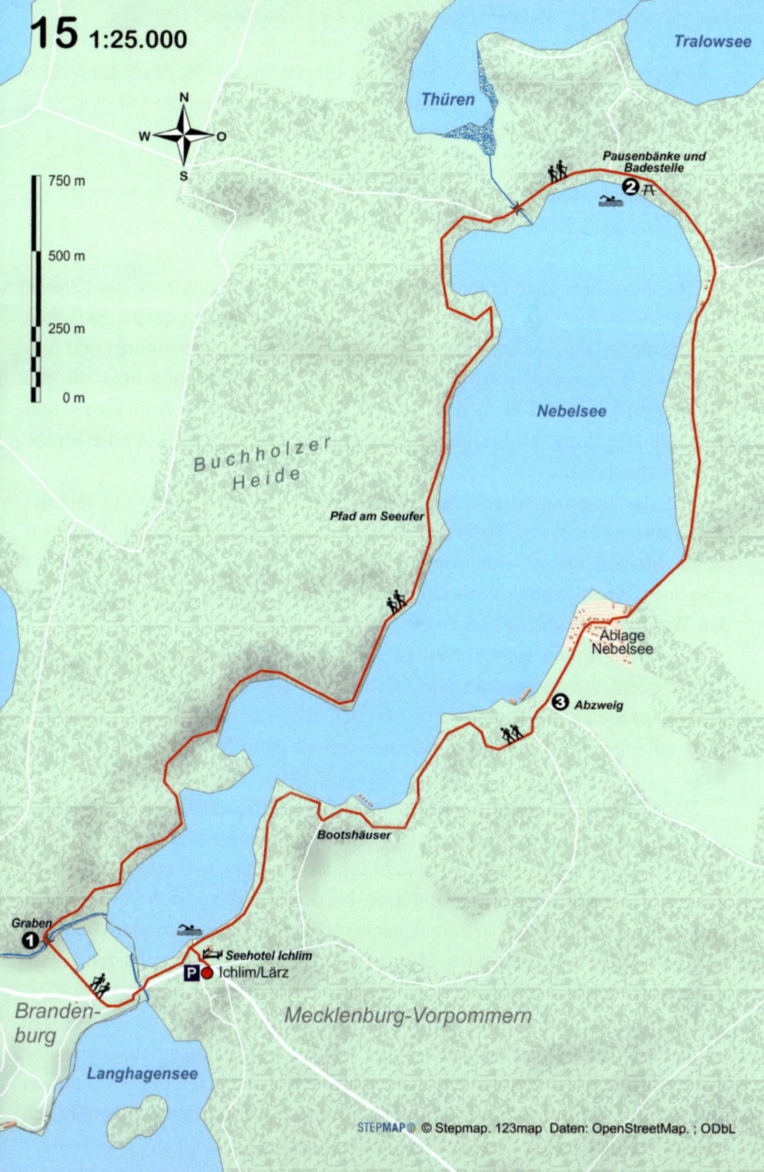
15 1:25.000
N
W
O
S
750 m
500 m
250 m
0 m
Tralowsee
Thüren
Pausenbänke und Badestelle
2
Nebelsee
Buchholzer Heide
Pfad am Seeufer
Ablage Nebelsee
3 Abzweig
Bootshäuser
Graben
1
Seehotel Ichlim
P Ichlim/Lärz
Brandenburg
Mecklenburg-Vorpommern
Langhagensee
STEPMAP © Stepmap. 123map Daten: OpenStreetMap. ; ODbL

Die ersten Schritte dieser Wanderung führen am Seehotel Ichlim die Treppenstufen zur Badestelle am See hinab und dann vor dem Steg des Ausflugsboots auf dem Uferweg nach links.

Seehotel Ichlim, Am Nebelsee 1, 17248 Lärz, OT Ichlim, ☏ 03 98 27/302 64, 12:00-20:30

Der Weg führt nach einer kurzen Stippvisite am See zurück zur Straße. Hier wenden Sie sich nach rechts (und überqueren die Grenze zwischen den Bundesländern Mecklenburg-Vorpommern und Brandenburg) und biegen vor der ehemaligen Ausflugsgaststätte Donnerberg nach links ab. Sie laufen nun für gut 200 m parallel zur Straße durch die Bungalow- und Bootshaussiedlung am Langhagensee, kommen dann zurück an die Straße und überqueren diese.

Auf der gegenüberliegenden Seite setzen Sie die Wanderung auf der Wiese am südlichsten Zipfel des Nebelsees fort und können am Ende auf einem kleinen Damm den Graben überqueren ❶ (und sind dann wieder zurück in Mecklenburg-Vorpommern). Dahinter biegen Sie nach rechts auf den Waldweg ab und laufen von nun an stets am Seeufer entlang.

Am Ufer reihen sich unzählige Bootshäuser, Wochenendhäusern und Bootsliegeplätze aneinander und hier und da teilt sich der Weg in mehrere Trampelpfade. Die Orientierung bereitet aber dennoch keine Probleme, denn solange Sie immer dem Seeufer folgen, sind Sie auf dem richtigen Weg.

Nach rund 1 km nimmt der Bestand an Wochenendhäusern merklich ab und Sie wandern entlang des recht steil aufragenden Ufers durch den einsamen Wald. Knapp 1 km hinter dem letzten Ferienhaus verleitet die nach links in den Kiefernforst abzweigende, breite Piste dazu, sich vom Seeufer zu entfernen. Es geht aber leicht nach rechts auf dem schmalen Pfad am Seeufer weiter und nach etwa 750 m stehen Sie nach einer scharfen Kehre auf einem breiten Forstweg.

Diesem folgen Sie kurz und biegen gleich nach 200 m rechts auf den schmalen Uferpfad ab, der bald in eine breitere, als Radweg ausgewiesene Piste mündet. Hier wenden Sie sich nach rechts und erreichen kurz darauf die Brücke über den Abfluss des Nebelsees zum Thüren, dem sich nördlich anschließenden, stark zergliederten See.

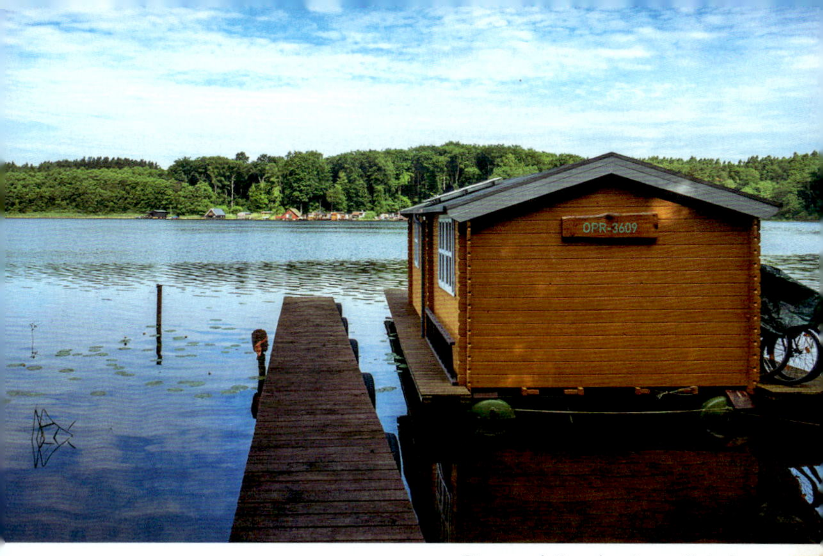

Steg und Hausboot am Ostufer

Kurz darauf erinnern eine Schautafel und die geschwungene Gedenkskulptur am linken Wegesrand an den geplanten Alphapunkt des sogenannten Bombodroms auf dem Gebiet der Kyritz-Ruppiner-Heide im benachbarten Brandenburg. Wäre es nach den Plänen der Bundeswehr gegangen, die den ehemaligen Truppenübungsplatz der Roten Armee nach der Wende übernommen hatte, würden heute Kampfflieger aus den unterschiedlichsten NATO-Staaten im Tiefflug über den Nebelsee donnern und in Richtung Heide einschwenken, um dort den Bombenabwurf zu trainieren. Erst nach einer über 17-jährigen Auseinandersetzung und massiven Protesten der Bevölkerung, verschiedenen Gerichtsurteilen und dem Widerstand der lokalen Politiker war das zweifelhafte Projekt vom Tisch.

Im weiteren Verlauf bieten die Pausenbänke an der Badestelle ❷ eine Möglichkeit zur Rast und an heißen Sommertagen können Sie sich im See abkühlen. Anschließend halten Sie sich für den Rückweg Richtung Ichlim an den nächsten beiden Gabelungen jeweils rechts.

Rechts vom Weg wurde ein Gedenkstein zu Ehren von Max Schmeling aufgestellt. Der berühmte, mehrfache Boxweltmeister war von 1938-1942 mehrmals zu Gast am Nebelsee und ging im umliegenden Wald gerne auf Enten- und Hasenjagd.

Sie passieren nun mehrere bunte Häuser auf dem Vereinsgelände des Erholungsverbands Ostufer Nebelsee und gelangen am Schlagbaum vorbei auf einen schönen Damm mit dem See zur Rechten und weiten Moor- und Sumpfflächen zur Linken.

An ein paar Bootshäusern vorbei erreichen Sie die kleine Siedlung Ablage Nebelsee und laufen geradeaus auf der Schotterstraße weiter am Seeufer entlang. Vor der Kurve beim nächsten Bootshaus nach knapp 300 m folgen Sie dem Wegweiser „Ichlim Uferweg 1,9 km“ nach rechts ❸.

Der breite, einfach zu laufende Waldweg führt unmittelbar am Ufer entlang bis zu einer weiteren Gruppe von Bootshäusern. Hier kehren Sie der breiten Piste den Rücken und nehmen den nach rechts abzweigenden, grasbewachsenen Weg direkt am Ufer entlang. Nach rund 850 m sind Sie zurück am kleinen Badestrand mit ein paar Strandkörben und können die Wanderung auf einer der beiden Terrassen des 🛏 ✕ Seehotels ausklingen lassen.

Am Seehotel Ichlim

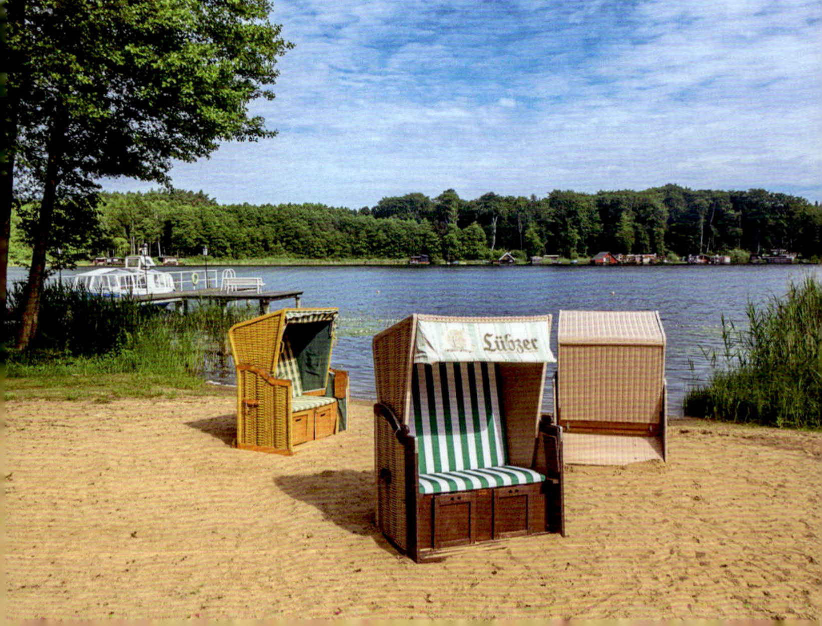

16 Großer Wummsee

Idyllischer Seerundgang für Naturfreunde

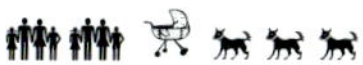

Eingebettet in eine herrliche Endmoränenlandschaft am Rand der Mecklenburgischen Seenplatte liegt der bis zu 35 m tiefe Große Wummsee im Naturpark Stechlin-Ruppiner Land ganz im nördlichsten Zipfel Brandenburgs an der Landesgrenze zu Mecklenburg-Vorpommern. Er empfängt Wanderer mit absolut glasklarem Wasser und uralten Buchen. Dank des dichten Blätterdachs bleiben die Temperaturen selbst im Hochsommer angenehm. In jedem Fall aber gilt: Mückenschutz nicht vergessen!

Start/Ziel: Grüne Hütte an der Straße zwischen Zechliner Hütte und Flecken Zechlin, GPS N 53°11.004' E 012°48.591'

9,7 km

2 Std. 30 Min.

110 m/110 m

70-100 m

Der Rundweg um den Großen Wummsee ist sporadisch mit gelben Punkten und Wegweisern markiert.

abgesehen von kurzen Straßenabschnitten zu Beginn und am Ende der Tour durchgehend naturbelassene Waldwege und Uferpfade

Es gibt keine Einkehrmöglichkeit, unbedingt an ausreichend Proviant und Trinkwasser denken.

unterwegs nur vereinzelt Sitzgelegenheiten, Picknicktisch mit Bänken auf dem Hügel am Maron-Gedenkstein (km 7,3)

Badestelle am Ostufer des Großen Wummsees gleich zu Beginn der Wanderung (km 0,2)

Der Rundweg ist perfekt für Wanderungen mit älteren Kindern geeignet. Der Uferwanderweg ist durch den naturnahen Wald und die Nähe zum Wasser ein natürlicher „Abenteuerspielplatz“ par excellence.

Der naturbelassene Uferweg ist nicht für Buggys geeignet. Wer sich an dem beständigen Auf und Ab und der ein oder anderen holprigen Baumwurzel nicht stört und mit einem luftbereiften Einsitzer unterwegs ist, findet hier aber eine ausgedehnte, herrliche Kinderwagenwanderung.

Die Tour auf einsamen, autofreien Wegen in Wassernähe ist hervorragend für Hunde geeignet.

Die Anreise ist nur mit dem eigenen Pkw möglich, es besteht keine Verbindung mit öffentlichen Verkehrsmitteln.

P Wanderparkplatz Grüne Hütte am Kapellensee; Anfahrt: auf der A19 bis zur Ausfahrt 20 Wittstock-Dosse, im Stadtgebiet die ersten beiden Kreisverkehre jeweils gerade durchfahren, im dritten dann die dritte Ausfahrt Richtung Rheinsberg nehmen, auf der Landstraße in einem großen Bogen um die Stadt und rechts ab Richtung Rheinsberg, nun immer geradeaus auf der Landstraße über Babitz, Schweinrich nach Flecken Zechlin, hier an der Kreuzung beim Supermarkt geradeaus in den Ort, am Marktplatz links auf die Mirower Straße und gut 4 km bis zum Parkplatz Grüne Hütte

Vom Wanderparkplatz Grüne Hütte zwischen dem Großen Wummsee im Norden und dem Kapellensee im Süden starten Sie auf der Straße nach rechts in Richtung Zechliner Hütte. Der Name der kleinen Siedlung erinnert an die ehemalige Glashütte, in der einst grünes Glas produziert wurde. Um sich in der Zechliner Glashütte auf edles Glas spezialisieren zu können, erteilte König Friedrich II. in der Mitte des 18. Jh. die Lizenz zu einer zweiten Hütte, in der Gebrauchsglas für Flaschen und medizinische Gefäße, aber auch Fensterglas produziert wurde. Aus Holzmangel musste die Glashütte ihren Betrieb 1790 einstellen.

Nach gut 100 m biegen Sie beim Schlagbaum an der Infotafel des Naturschutzgebiets links in den Wald ab. An der nach weiteren 100 m folgenden Kreuzung führt ein Pfad nach links hinunter zur Badestelle. Ob gleich zu Beginn oder erst am Ende der Wanderung: Das Bad in dem glasklaren Wasser des Großen Wummsees ist einfach herrlich.

Für die Wanderung laufen Sie an der zuvor genannten Kreuzung aber geradeaus weiter und wandern durch ein herrliches Natur-Buchenwald-Reservat auf einem Höhenzug zwischen dem Twernsee im Osten und dem Großen Wummsee im Westen. Sie passieren einen zweiten Schlagbaum und laufen dann an der größeren Wegkreuzung mit einer Informationstafel hinter einem weiteren Schlagbaum nach links ❶.

Vorbei an einem vierten Schlagbaum geht es hinab zum Seeufer und dort nach rechts weiter. Gleich im nördlichsten Seezipfel wartet ein umgestürzter, weit in den See hineinragender „Kletterbaum“ auf mutige Akrobaten, die ihre Geschicklichkeit beim Balancieren unter Beweis stellen möchten.

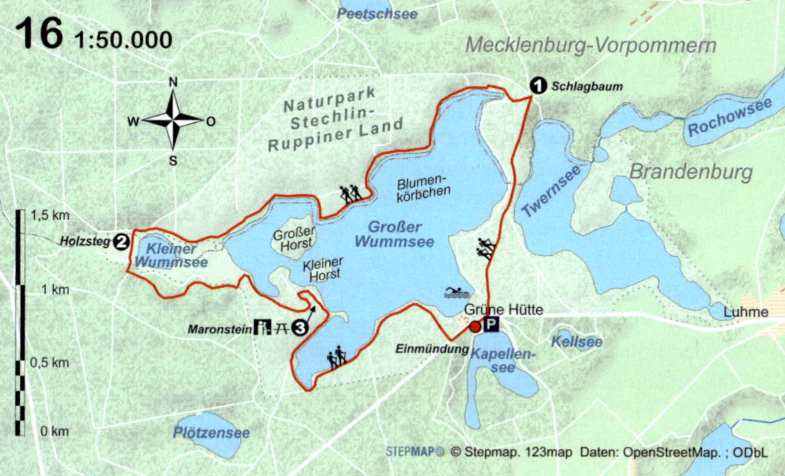

Vorab unbedingt prüfen, wie stark das Holz inzwischen vermodert ist und welche Äste halten!

Gleich am Ende der ersten Bucht gibt es auf der Landspitze einen schönen, baumlosen Platz direkt am Ufer und ohne das dichte Blätterdach können Sie sich hier die Sonne ins Gesicht scheinen lassen, während die Füße im glasklaren Wasser baumeln.

Akustisch von vielstimmigem Vogelgezwitscher untermalt führt der Wanderweg von nun an mehr oder weniger direkt am nördlichen Steilufer entlang und gibt immer wieder schöne Blicke auf den See frei. Auf der sich leicht im Wind kräuselnden Wasseroberfläche reflektiert das grüne Laub der weit über das Ufer hinausragenden Äste und die einfallenden Sonnenstrahlen glitzern darauf wie kleine Diamanten.

Es geht beständig, aber niemals übermäßig steil auf und ab und nach etwa 2,3 km am Ufer entlang lädt eine Rastbank zur Pause mit schönem Blick auf die beiden größeren Inseln Großer und Kleiner Horst im westlichen Teil des Sees ein.

Dahinter ist die sumpfige Niederung zwischen dem Großen und Kleinen Wummsee erreicht. Am Westufer des kleinen Tümpels biegt der Wanderweg nach links ab und führt über einen Holzsteg in südliche Richtung ❷.

An der folgenden Wegkreuzung halten Sie sich links und laufen in einiger Entfernung zum Kleinen Wummsee zurück an das Südufer des Großen Wummsees. Der Wegverlauf ist leider nicht zuverlässig markiert und daher nicht immer eindeutig zu erkennen, aber im Zweifel entscheiden Sie sich an einer Weggabelung immer für den Abzweig, der in Richtung See verläuft.

Nach knapp 300 m entfernt sich der Weg etwas vom Wasser und führt über eine Landzunge gegenüber der beiden Inseln nach einem kurzen Anstieg auf einen Hügel mit dem Gedenkstein für den Königlichen Oberförster Louis Maron (1823-1885), der sich um den Erhalt eines hohen Buchenanteils verdient gemacht hat. Bänke und Tische laden zu einer Brotzeit mit herrlichem Blick über den See ein ❸. Anschließend setzen Sie Ihre Wanderung auf dem Uferpfad noch für gut 2,1 km bis zur Einmündung in die Straße fort. Hier wenden Sie sich nach links und sind nach knapp 250 m zurück am Wanderparkplatz Grüne Hütte.

Nördlicher Zipfel des Wummsees

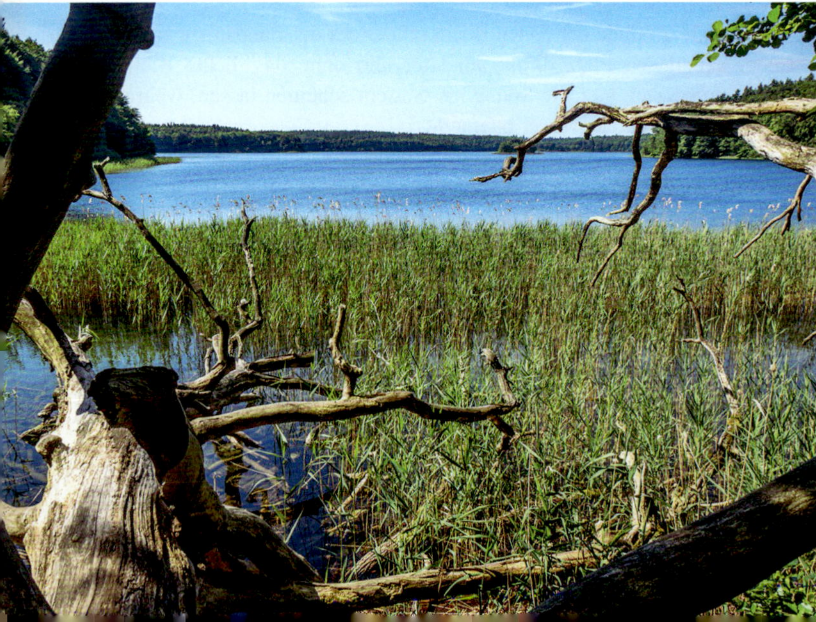

⑰ Rund um den Großen Labussee

Rundtour für Wander- und Seefreunde

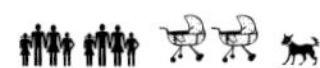

Diese Rundtour führt auf einfach zu laufenden Spazierwegen durch die Waldgebiete rund um den Großen Labussee nördlich des mecklenburgischen Kleinstädtchens Wesenberg. An Sommertagen bieten mehrere schöne Badestellen die Möglichkeit, sich im klaren Wasser abzukühlen und anschließend auf den Liegewiesen am Ufer Sonne zu tanken.

Start/Ziel: Ortsmitte von Klein Quassow, GPS N 53°18.269' E 012°58.487'

10,8 km

3 Std.

60 m/60 m

60-75 m

Die Rundtour um den Großen Labussee ist nicht einheitlich markiert. In der ersten Hälfte bis Zwenzow folgt die Wanderung dem mit einem blauen M gekennzeichneten Müritz-Nationalpark-Weg.

Imbiss am Campingplatz Zwenzower Ufer (km 6,7), Ausflugslokal Seeblick an der Badestelle in Useriner Mühle (km 8,4)

überwiegend breite Waldwege und wenig befahrene Straßen, zwischen Zwenzow und Useriner Mühle von der Straße getrennter Rad- und Fußweg im Wald

Sitzgelegenheiten an den drei Badestellen, entlang des Wegverlaufs nur vereinzelt Sitzbänke, Rasthütte (km 2,9)

kleiner Minimarkt am Campingplatz Zwenzower Ufer (km 6,7)

Badestelle am Ferienpark am Kleinen Labussee (km 2,5), Badestelle am Großen Labussee in Zwenzow (km 7), Badestelle am Useriner See in Useriner Mühle (km 8,4)

Die breiten Waldwege und asphaltierten Straßenabschnitte sind für Wanderungen mit Kindern zwar weniger attraktiv, eignen sich aufgrund des geringen Verkehrsaufkommens aber gut für eine Begleitung mit Fahr- bzw. Laufrädern und die schönen Badestellen lassen unterwegs keine Langeweile aufkommen.

Die Wege sind durchweg gut mit Kinderwagen jeder Art zu befahren und durch den Wald ist es angenehm schattig.

Die Tour ist aufgrund der längeren Abschnitte auf asphaltierten Straßen nur weniger gut für Hunde geeignet.

Zwenzow am Nordufer des Großen Labussees wird von den Buslinien 670 (Neustrelitz – Userin – Roggentin – Mirow) und 679 (Neustrelitz – Groß Quassow – Babke) bedient, www.mvvg-bus.de.

Der Bahnhof Wesenberg liegt knapp 1,5 km südlich der Wanderroute. Die Züge der Kleinseenbahn zwischen Neustrelitz und Mirow verkehren im Zwei-Stunden-Takt, www.hans-eisenbahn.de.

P Parkplatz in der Dorfmitte von Klein Quassow, alternativ ebenfalls kostenfreier Parkplatz am Nationalparkeingang in Zwenzow, GPS N 53°19.294' E 012°56.736'; Anfahrt zum Start: über die B198 von Mirow oder Neustrelitz bis Wesenberg, auf Höhe der Tankstelle in Richtung Klein Quassow abbiegen

Von der Ortsmitte von Klein Quassow beginnen Sie die Wanderung auf der Straße zurück in Richtung Wesenberg in südwestliche Richtung. Es geht für rund 450 m leicht bergan und hinter dem Ortsende kehren Sie dem Asphalt den Rücken und biegen nach rechts auf den breiten Waldweg ab ❶.

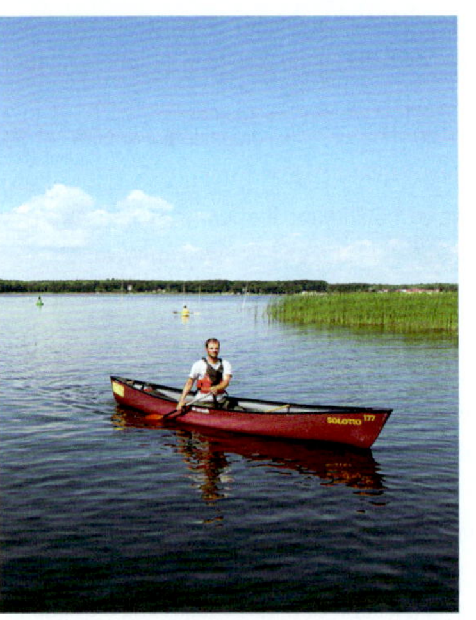
Unterwegs mit dem Kanu auf dem Großen Labussee

Nach etwa 2,1 einsamen Kilometern erreichen Sie die Ferienanlage mit Ferienhäusern und Campingplatz am Ufer des Kleinen Labussees und die schöne Badestelle ❷ bietet eine erste Möglichkeit, um die Wanderklamotten gegen die Badehose zu tauschen.

An der gut 400 m hinter der Ferienanlage folgenden größeren Wegkreuzung mit kleiner Rasthütte und Informationstafeln ❸ biegen Sie nach rechts in Richtung Zwenzow ab.

Nach rund 1,5 km auf dem asphaltierten, aber wenig befahrenen, schmalen Sträßchen erreichen Sie das Familotel Borchards Rookhus, ein All-Inclusive-Hotel für Familien. Der älteste Teil der Anlage wurde bereits 1932/33 als Trainingslager für Kanusportler errichtet.

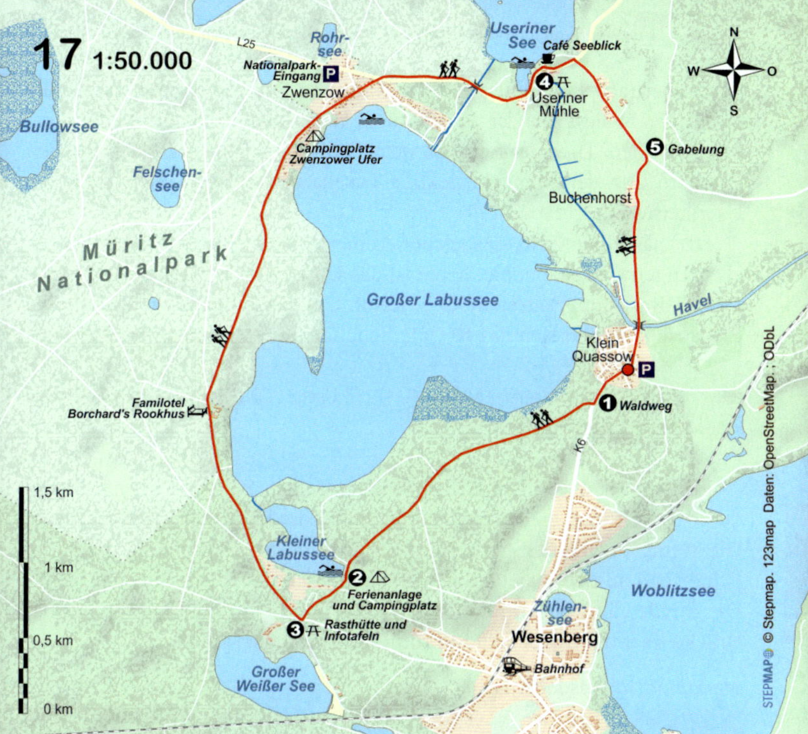

Sie setzen die Wanderung am Westufer des Großen Labussees in nördliche Richtung fort und passieren nach 1,7 km die ersten Häuser von Zwenzow und bald darauf den Campingplatz Zwenzower Ufer, auf dem Sie auch einen Minimarkt finden.

Minimarkt, Campingplatz Zwenzower Ufer am Großen Labussee, 17237 Zwenzow, keine festen Öffnungszeiten

Im weiteren Verlauf führt die nach rechts abzweigende Straße zur Badestelle am Nordufer des Großen Labussees mit Liegewiese, Basketballkorb sowie Fußball- und Volleyballfeld.

Für den weiteren Weg zurück nach Klein Quassow laufen Sie auf der Dorfstraße bis zur Useriner Straße und überqueren diese. Auf der gegenüberliegenden Seite führt der Rad- und Fußweg parallel zur Straße durch den Wald. Von der Brücke über den Havelkanal, die Verbindung zwischen dem Useriner See und dem Großen Labussee, können Sie den Paddlern aus der Vogelperspektive zuschauen und erreichen dann die Useriner Mühle.

Die mächtigen Getreidespeicher erinnern an die einstige Bedeutung der ehemaligen Getreidemühle, heute ist das Dörflein aber für seine idyllische Rast- und Badestelle ❹ bekannt. Um das leibliche Wohl oder eine Eispause kümmert sich das Café Seeblick direkt nebenan.

Café Seeblick, Useriner Mühle 19, 17237 Userin, ☏ 039 81/256 62 20, keine festen Öffnungszeiten

Für den Rückweg gen Klein Quassow folgen Sie der Useriner Straße durch den Ort und biegen etwa 200 m hinter der Badestelle nach rechts ab. Die wenig befahrene Straße führt Sie in südöstliche Richtung durch die Felder und an der Gabelung nach knapp 850 m ❺ halten Sie sich rechts. Die Straße führt weiterhin durch Wiesen und Felder und kurz hinter der Brücke über die Havel sind Sie zurück am Ausgangspunkt.

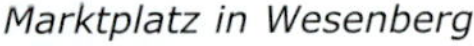

Marktplatz in Wesenberg

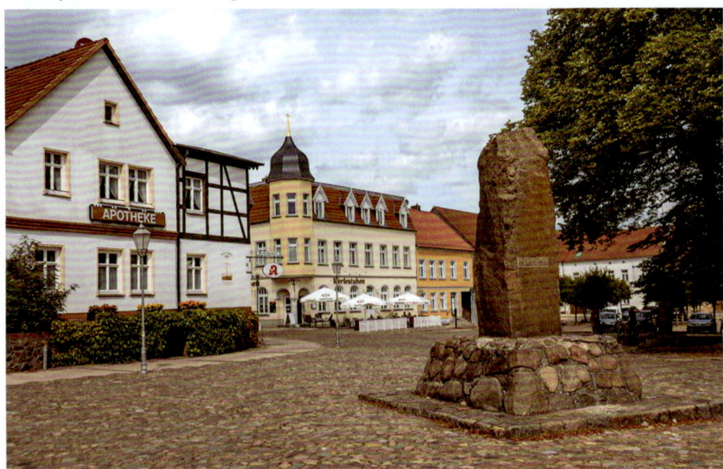

18 Rund um den Zierker See

Längere Rundtour für Wanderfreunde mit Interesse an Kultur und Natur

Diese ausgedehnte Rundtour führt aus dem Zentrum der einstigen, spätbarocken Residenzstadt Neustrelitz in das grüne Umland am Rand des Müritz-Nationalparks. Da die Wege meist ein gutes Stück vom Ufer entfernt verlaufen, bekommen Sie den Zierker See nur zu Beginn und am Ende der Wanderung zu Gesicht. Direkt am Seeufer gelegen und ein interessanter Stopp für Familien mit Kindern ist das Slawendorf in Neustrelitz. Hobbygeologen können im Findlingsgarten auf dem Buteberg bei Prälank die stummen Zeugen der letzten Eiszeit bestaunen.

Start/Ziel: Bahnhof Neustrelitz, GPS N 53°21.558' E13°04.439'

14,9 km

3 Std. 45 Min.

80 m/80 m

45-65 m

Der Rundweg um den Zierker See ist spärlich als Nordic-Walking-Strecke beschildert.

überwiegend Feld- und Schotterwege, kürzere Abschnitte auf wenig befahrenen Straßen

Café Prälank (km 7), umfangreiches Gastronomieangebot im Stadtgebiet von Neustrelitz zu Beginn und am Ende der Wanderung

Rastbänke und Picknicktische in regelmäßigen Abständen im gesamten Streckenverlauf

diverse Supermärkte im Stadtzentrum von Neustrelitz, unterwegs auf der Strecke keine Einkaufsmöglichkeit

Badestelle Prälanksee (km 7,5)

Aufgrund der Länge und der eher breiteren, für kleine Kinder eintönigen Wege eignet sich die Strecke nur für eine Wanderung mit älteren Kindern. Die Wegbeschaffenheit erlaubt aber auch eine Befahrung mit Lauf- oder Fahrrädern. Soll der Besuch des Slawendorfs als Anreiz dienen, empfiehlt es sich, die Runde in die entgegengesetzte Richtung zu laufen bzw. zu fahren.

Unwegsame Abschnitte wie die Kopfsteinpflasterallee nach Prälank und der sandige Feldweg durch die Schindelwiesen erfordern einen geländegängigen Kinderwagen.

Mit einem Buggy müssen Sie sich auf die zentrumsnahen Uferwege in Neustrelitz beschränken.

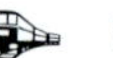 Die Tour ist gut für Hunde mit entsprechender Kondition geeignet.

Neustrelitz liegt an den Bahnstrecken Berlin – Rostock und Berlin – Stralsund.

P Die Parkplätze direkt vor dem Bahnhof sind zwar kostenfrei, aber die Parkdauer ist auf 2 Std. beschränkt, besser geeignet sind daher die Parkmöglichkeiten in der Semmelweisstraße am Stadthafen (GPS N 53°21.838' E 013°03.334'). Anfahrt zum Start: auf der A19 bis zur Ausfahrt 18 Röbel/Müritz und auf der B198 über Mirow und Wesenberg nach Neustrelitz

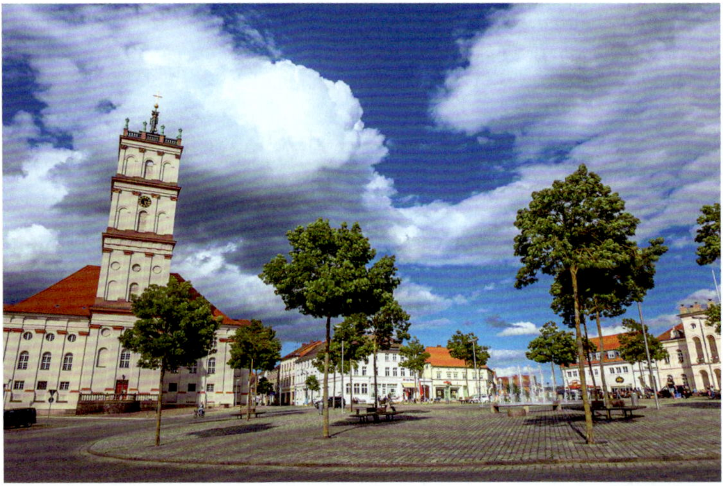

Marktplatz Neustrelitz

Los geht es am Bahnhof entsprechend den Wegweisern in Richtung Zentrum schräg nach links über den Vorplatz auf die Marienstraße und an deren Ende links auf der Friedrich-Wilhelm-Straße weiter.

Im folgenden Kreisverkehr nehmen Sie gleich die erste Straße nach rechts. Die Strelitzer Straße ist die geschäftige Einkaufsstraße von Neustrelitz. Sie wird am Ende zur Fußgängerzone und bringt Sie an der i Tourist- und Nationalparkinformation vorbei auf den zentralen Marktplatz ❶.

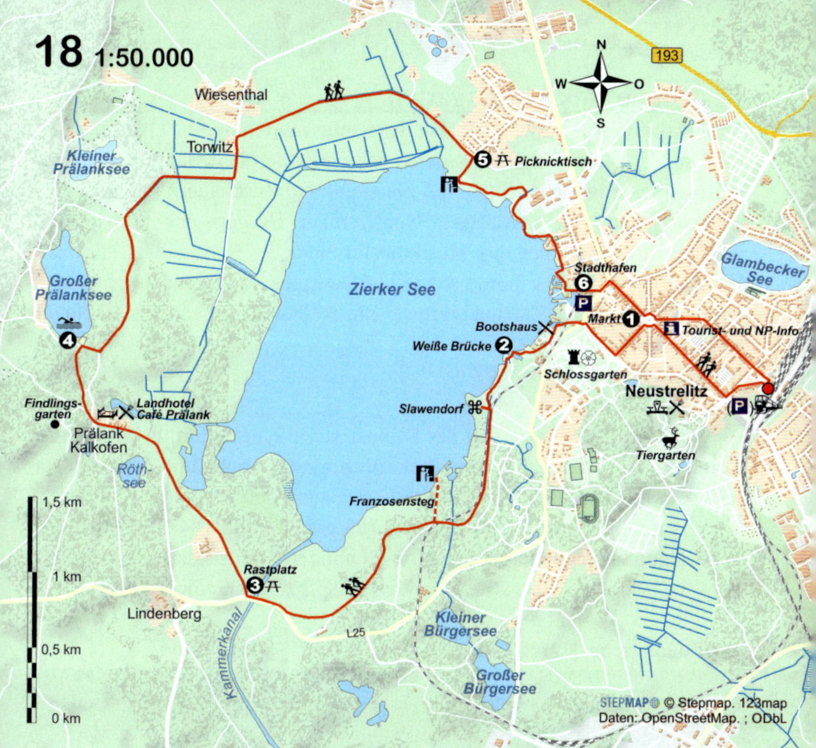

Tourist- und Nationalparkinformation, Strelitzer Straße 1,17235 Neustrelitz, ☏ 039 81/25 31 19, www.neustrelitz.de, Mai-Sep Mo-Fr 9:00-18:00, Sa/So 9:30-13:00, Okt-April Mo-Do 9:00-12:00 und 13:00-16:00, Fr 9:00-12:00

Als ehemalige Residenzstadt wurde Neustrelitz komplett am Reißbrett entworfen und wie es sich für ein solches, barockes Planstädtchen gehört, ist der Grundriss streng symmetrisch. Den Mittelpunkt bildet der quadratische Marktplatz mit seinem Rondell im Zentrum. Er wird umgeben von klassizistischen Prunkbauten und es gehen sternförmig acht Straßen ab.

Für die Wanderung nehmen Sie die zweite nach links abzweigende Straße, Schlossstraße, die – wenig überraschend – bald zum Schlossgarten führt.

Festspiele im Schlossgarten

Jedes Jahr im Juli verwandelt sich der Schlossgarten in eine Operettenbühne. Die Festspiele im Schlossgarten zählen zu den bedeutendsten Operettenfestspielen in Deutschland mit bis zu 30.000 Zuschauern je Saison.

Unterstützt von unzähligen Neustrelitzer Bürgern als Statisten erwecken die Ensembles des Musiktheaters und des Schauspiels, die Neubrandenburger Philharmonie sowie die Deutsche Tanzkompanie bekannte Operetten wie „Der Zigeunerbaron", „Im weißen Rössl" oder „Der Vogelhändler" unter freiem Himmel zum Leben.

www.theater-und-orchester.de

Während der Spielzeit ist der Schlossgarten eingezäunt, in der übrigen Zeit des Jahres lädt der schöne Park mit seinen Brunnen und Sandsteinstatuen zum Lustwandeln ein. Für die Fortsetzung der Wanderung laufen Sie vor der Orangerie nach rechts. Die 1755 erbaute und 1842 zum heutigen Prachtbau umgestaltete klassizistische Orangerie bildet, da das eigentliche Schloss 1945 zerstört wurde, jetzt den Hauptbau des Schlossgartens.

Die neugotische Schlosskirche im Neustrelitzer Schlossgarten

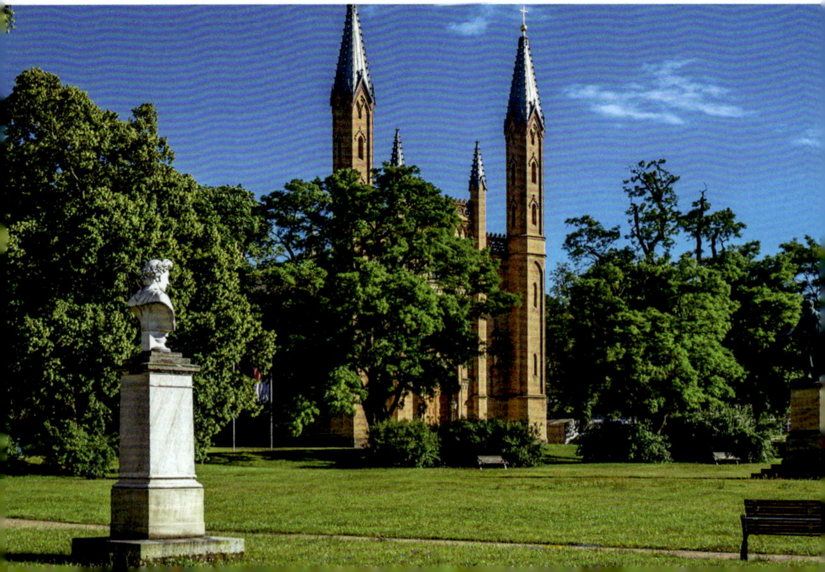

Am folgenden Kreisverkehr nehmen Sie die zweite nach links abzweigende Straße, die Seestraße, und laufen an ihrem Ende über die Schienen auf den Wanderweg am Ostufer des Zierker Sees. Der Uferwanderweg bringt Sie am ✕ 🛏 Restaurant/Pension Bootshaus und dem alten Waschhaus vorbei und über die Treppenstufen der hölzernen Weißen Brücke ❷ zum ⌘ Slawendorf Neustrelitz.

✕ Restaurant Pension Bootshaus, Useriner Straße 1, 17235 Neustrelitz, ☎ 039 81/23 98 60, 💻 www.bootshaus-neustrelitz.de, 🚪 tgl. 11:00-20:30

Slawendorf Neustrelitz

Der Besuch des archäologischen Freilichtmuseums lohnt sich vor allem für Familien mit Kindern und zeigt anschaulich die Lebens- und Arbeitsweise der slawischen Stämme, die etwa vom 7. Jh. bis zur Mitte des 12. Jh. das Gebiet des heutigen Mecklenburg-Vorpommerns besiedelten.

In den Lehm- und Holzhütten hinter dem hohen Palisadenzaun geht es in erster Linie darum, traditionelles Handwerk wie z. B. Schnitzen, Flechten, Schmieden oder Töpfern kennenzulernen und selbst auszuprobieren. Mit der „Nakon“, dem fahrtüchtigen Nachbau eines Slawenboots kann außerdem eine Rundfahrt auf dem Zierker See unternommen werden.

⌘ Slawendorf Neustrelitz, Franzosensteg, 17235 Neustrelitz, ☎ 039 81/23 75 45, 💻 www.slawendorf-neustrelitz.de, 🚪 Mai-Sep Mo-Fr 10:00-17:00, Okt Mo-Fr 10:00-16:00

Vor dem Eingang laufen Sie am Zaun nach links und dann hinter den Schienen nach rechts weiter. Der schöne Waldweg führt durch die Schlosskoppel. Der Auwald war ursprünglich mit dem Schlossgarten verbunden, ist inzwischen aber renaturiert und begeistert mit artenreichen Mischwäldern und urigen Sumpf- und Bruchwaldbereichen.

Knapp 1 km hinter dem Slawendorf können Sie nach rechts auf dem sogenannten Franzosensteg einen Abstecher ans Seeufer unternehmen. Der abenteuerliche Bohlenweg („Betreten auf eigene Gefahr!“), der im ersten Weltkrieg von französischen Kriegsgefangenen errichtet wurde, führt durch die sumpfige Niederung und am Ende wartet eine ⛩ Holzbank mit weitem 🔭 Blick über den See.

Zurück auf dem eigentlichen Weg folgen Sie diesem weiter. Er mündet am Ende in den Radweg neben der Landstraße. Hier wenden Sie sich nach rechts und überqueren auf der Brücke den Kammerkanal, der den Zierker See mit dem Woblitzsee bei Wesenberg verbindet. Er wurde Mitte des 19. Jh. angelegt, um die Residenzstadt an die Obere Havel-Wasserstraße anzuschließen.

Am gegenüberliegenden Ufer kehren Sie der Straße an dem kleinen Rastplatz mit Bänken und Tisch ❸ den Rücken und setzen die Wanderung auf dem Betonplattenweg nach rechts fort. Der Gedenkstein, der sich am Rastplatz befindet, erinnert an den letzten Großherzog Gustav Adolf VI. aus dem Hause Mecklenburg-Strelitz. Im Februar 1918 fand man hier seine Leiche, die Umstände seines Todes geben bis heute Rätsel auf.

Grüne Tunnel: Alleen in Mecklenburg-Vorpommern

Mecklenburg-Vorpommern ist nach Brandenburg das alleenreichste Bundesland. Ihren Ursprung haben die von Baumreihen gesäumten Straßen in den Schlossgärten, wo Zierbäume als Abgrenzung der Wege gepflanzt wurden. Die landschaftsgärtnerische Mode stammt aus Frankreich und ihre Bezeichnung leitet sich aus dem französischen Wort *aller* für „gehen" ab. Ab dem 18. Jh. fanden Alleen dann auch Einzug in den Städtebau.

Während auf dem Gebiet der Bundesrepublik nach dem Zweiten Weltkrieg viele Alleebäume der Straßenverbreiterung in Folge vom Wirtschaftswunder und dem Mantra „Freie Fahrt für freie Bürger" zum Opfer fielen und gefällt wurden, blieben die Alleen auf dem Gebiet der DDR unangetastet. Inzwischen werden große Anstrengungen unternommen, um die typischen Alleen zu erhalten und wenn ein Baum gefällt wird, muss ein neuer gepflanzt werden.

Die Wegoberfläche wechselt bald zu ruckeligem Kopfsteinpflaster und an der Einmündung in die breitere Straße folgen Sie dieser weiter geradeaus nach Prälank Kalkofen, wo das Landhotel Café Prälank auf seiner Sonnenterrasse frischgebackenen Kuchen, Eis- und Kaffeespezialitäten, aber auch Herzhaftes für den kleinen Hunger serviert.

Landhotel Café Prälank, Prälank-Kalkofen 4, 17235 Neustrelitz, 039 81/20 09 10, www.hotel-cafe-praelank.de, tgl. 12:00-18:00

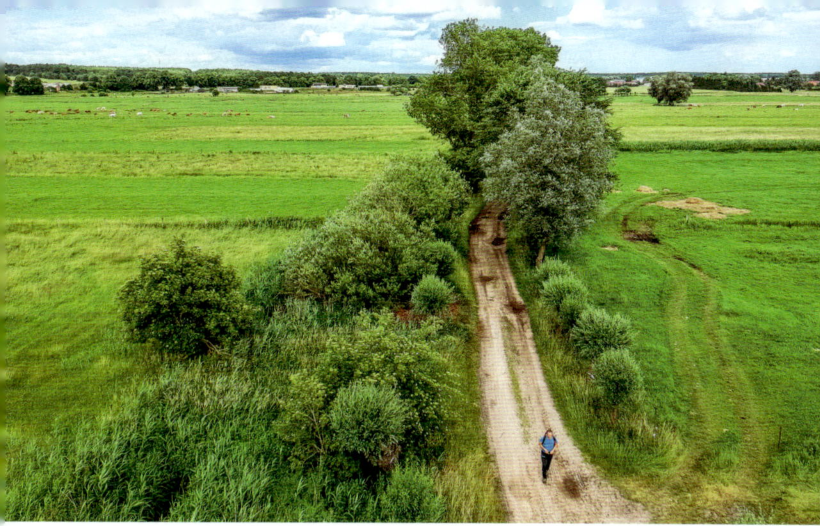

Feldweg Schindelwiesen

Direkt hinter dem kleinen Parkplatz vor der Straßenkurve laufen Sie auf den unbefestigten Weg nach links und treffen an der folgenden Gabelung auf den mit einer Jakobsmuschel markierten Mecklenburgischen Pilgerweg.

☺ Folgen Sie dem Pilgerweg nach links, so zweigt nach wenigen Schritten links der Abstecher zum Findlingsgarten, der sich auf einer Waldlichtung auf dem Buteberg befindet, ab. Die über 80 eindrucksvollen Zeugen der Eiszeiten wurden in Form einer Eule angeordnet und zeigen anschaulich, was die Gletscher vor Urzeiten aus Skandinavien nach Mecklenburg transportiert haben.

Für die Fortsetzung Ihrer Wanderung folgen Sie den Markierungen des Mecklenburgischen Pilgerwegs geradeaus auf dem breiten, z. T. sandigen Weg durch den Wald bis zur Badestelle am Großen Prälanksee ❹.

Vor dem kleinen Badestrand laufen Sie auf dem Weg für gut 100 m nach rechts bis zur Straße, folgen dieser nach links in nördliche Richtung und „erklimmen" einen kleinen Moränenhügel. Oben gibt es am Straßenrand ein paar Bänke zum Rasten und gut 300 m weiter folgen Sie der Rechtskurve auf eine gepflasterte Fahrspur.

An der nach gut 800 m folgenden T-Kreuzung wenden Sie sich nach links und biegen dann hinter den Häusern von Torwitz nach rechts auf den sandigen Feldweg durch die Schindelwiesen. Auf den weitläufigen Feldern und Weiden lassen sich neben grasenden Kühen auch rastende Gänse und Kraniche beobachten.

Hinter dem Alpakahof im Neustrelitzer Vorort Zierke wenden Sie sich bei dem Picknicktisch ❺ nach rechts und kommen zurück ans Seeufer, wo ein Holzsteg einen weiten Blick über die Wasseroberfläche und die Stadt bietet.

Für den Weg zurück wandern Sie auf dem Uferwanderweg weiter. Hinter dem Schilfgürtel erhebt sich die Silhouette von Neustrelitz, die von der imposanten Stadtkirche dominiert wird. Am Ende des Weges bringt Sie eine Brücke über einen Wassergraben und Sie erreichen das Vereinsgelände des Neustrelitzer Kanuvereins. Hier laufen Sie zwischen Parkplatz und Bootshaus weiter geradeaus und immer am Ufer weiter. Nach einigen weiteren Wassersportvereinen erreichen Sie den Stadthafen mit seinen imposanten Speichergebäuden ❻, die heute ein vielfältiges gastronomisches Angebot beherbergen.

Wohnmobilstellplatz Neustrelitz

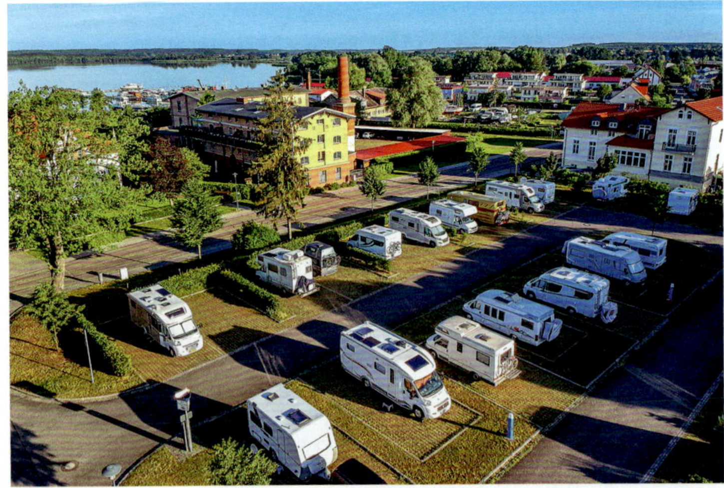

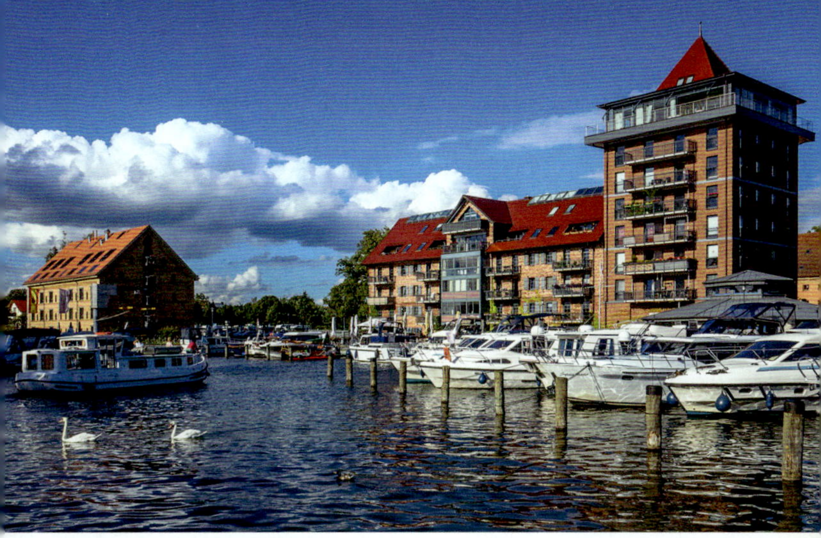

Stadthafen am Zierker See

Für den Weg zurück zum Bahnhof laufen Sie zwischen den Speichergebäuden und dem Reisemobilstellplatz hindurch und biegen am Ende nach links auf die Semmelweisstraße ab. 100 m weiter an der Kreuzung bei der Apotheke wenden Sie sich nach rechts und die Zierker Straße bringt Sie nun direkt zurück auf den zentralen Marktplatz ❶.

Linker Hand erhebt sich die eindrucksvolle Stadtkirche, deren Turm über eine enge, steile Holztreppe bestiegen werden kann, und von der Aussichtsplattform bietet sich zum Finale der Tour ein herrlicher Blick aus der Vogelperspektive über die barocke Stadtanlage und den angrenzenden Zierker See.

✝ Turmbesteigung der Stadtkirche, Marktplatz, 17235 Neustrelitz, ☏ 039 81/20 55 42, Juni-Mitte Sep Mo-Fr 10:00-17:00, Sa 10:00-13:00

Um zum Bahnhof zurückzugelangen, laufen Sie links vom klassizistischen Rathaus, das aus der Mitte des 19. Jh. stammt, auf der Ostseite des Marktplatzes auf die Bruchstraße und biegen am Ende rechts auf die Augustastraße ab, die Sie nach knapp 600 m wieder zurück an den Ausgangspunkt der Wanderung bringt.

Östlicher Teil des Müritz-Nationalparks und Feldberger Seenlandschaft

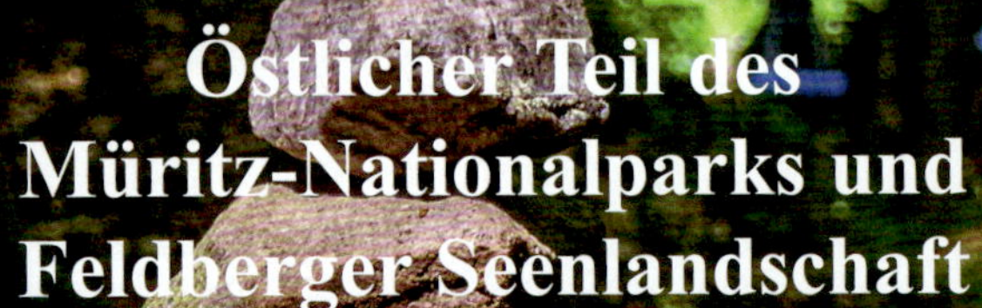

Auf dem Rückweg von Serrahn zum Start (Tour 19)

⑲ Wald-Erlebnis-Pfad Serrahn

Traumtour für Waldenthusiasten

Die Wälder um Serrahn bilden den östlichen Teilbereich des Müritz-Nationalparks und wurden von der UNESCO als Weltnaturerbe ausgezeichnet. Der Wald-Erlebnis-Pfad führt durch die unterschiedlichen Entwicklungsstadien vom Kiefernforst bis zum Buchennaturwald und informiert an insgesamt 17 Stationen über die natürlichen Prozesse in einem Wald. Die uralten Buchenwälder in der Kernzone, in der seit über 150 Jahren keine forstwirtschaftliche Holznutzung mehr erfolgt ist, geben eine Vorstellung davon, wie die einstigen Buchenurwälder im Gebiet der heutigen Bundesrepublik einmal ausgesehen haben. Die Wanderung hat zu jeder Jahreszeit ihre besonderen Reize. Im Frühjahr, wenn das frischgrüne Blätterdach der Buchen noch genug Licht passieren lässt, zaubern Frühlingsblüher wie Buschwindröschen oder Scharbockskraut einen bunten Blütenteppich auf den Waldboden. Im Herbst färbt der mecklenburgische „Indian Summer" das Laub in den unterschiedlichsten Farbtönen.

Start/Ziel: Wanderparkplatz in Zinow, GPS N 53°21.683' E 013°10.477'

7,3 km

2 Std.

110 m/110 m

75-115 m

Der Hinweg von Zinow bis Serrahn ist als Wald-Erlebnis-Pfad mit einem grünen Buchenblatt markiert. Der Rückweg folgt einem breiten, eindeutigen Fahrweg und ist in der ersten Hälfte mit dem blauen M des Müritz-Nationalpark-Wegs gekennzeichnet.

Wald-Erlebnis-Pfad auf kurvigem, schmalem Waldweg, Rückweg auf breiter Fahrspur im Wald

im Sommer nettes Gartencafé bei der Imkerei am Nationalparkhaus in Serrahn (km 4,4)

Sitzgelegenheiten am Wanderparkplatz in Zinow (km 0/km 7,3), Bänke und Hängematten an der Station „Wettlauf ums Licht" (km 1,9), Picknicktische an der National-park-Information in Serrahn (km 4,4)

Die abwechslungsreiche Natur und spannenden Stationen zum Mitmachen, wie die Lauschecke in einem Totholzstamm, machen den Wald-Erlebnis-Pfad zu einer kurzweiligen Wanderung mit Kindern. Der Rückweg ist etwas eintöniger, dafür aber einfach zu laufen.

Der schmale, gewundene und wurzelholprige Wegverlauf lässt sich allenfalls mit einem schmalen, geländegängigen Einsitzer bewältigen. Mit einem Buggy starten Sie besser am Parkplatz an der B198 in Dianenhof bei Carpin (GPS N 53°21.241' E 013°13.800') und folgen der Markierung eines grünen Buchenblatts auf breitem Fahrweg durch das Weltnaturerbe bis zur Nationalpark-Ausstellung in Serrahn (hin und zurück ca. 5 km, unterwegs allerdings teilweise eine Steigung von über 6 %).

Die Tour ist gut für Hunde geeignet. Im Nationalpark besteht Leinenpflicht.

Die Linie 619 von Neustrelitz nach Feldberg mit Haltstellen in Zinow, Dianenhof bei Carpin und Carpin bietet eine gute Möglichkeit, um mit dem Bus anzureisen, mvvg-bus.de.

P kostenloser Wanderparkplatz in Zinow; Anfahrt: auf der B198 von Neustrelitz für 7 km nach Osten bis Zinow, dort vor der Bushaltestelle rechts ab in Richtung Serrahn und ein kurzes Stück über Kopfsteinpflaster und eine kurze Sandpiste zum Wanderparkplatz am Waldrand

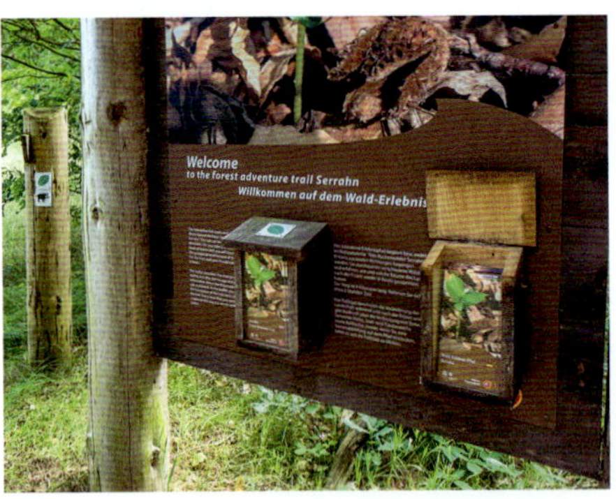

Infobroschüre am Beginn des Lehrpfads

Die Wanderung beginnt an dem Holzportal mit einigen Informationstafeln und Sitzgelegenheiten. Vom Parkplatz laufen Sie hinter dem Holzportal etwa 50 m durch den Wald und treffen auf den Fahrweg, auf dem Sie am Ende der Wanderung von rechts zurückkommen werden.

An der Infotafel, die den Beginn des Wald-Erlebnis-Pfades markiert, können Sie sich mit einer kostenlosen Informationsbroschüre versorgen, die Hintergrundinformationen über die Entstehung der Landschaft und die natürlichen Prozesse im Wald liefert und eine Übersicht der einzelnen Stationen entlang des Weges bietet.

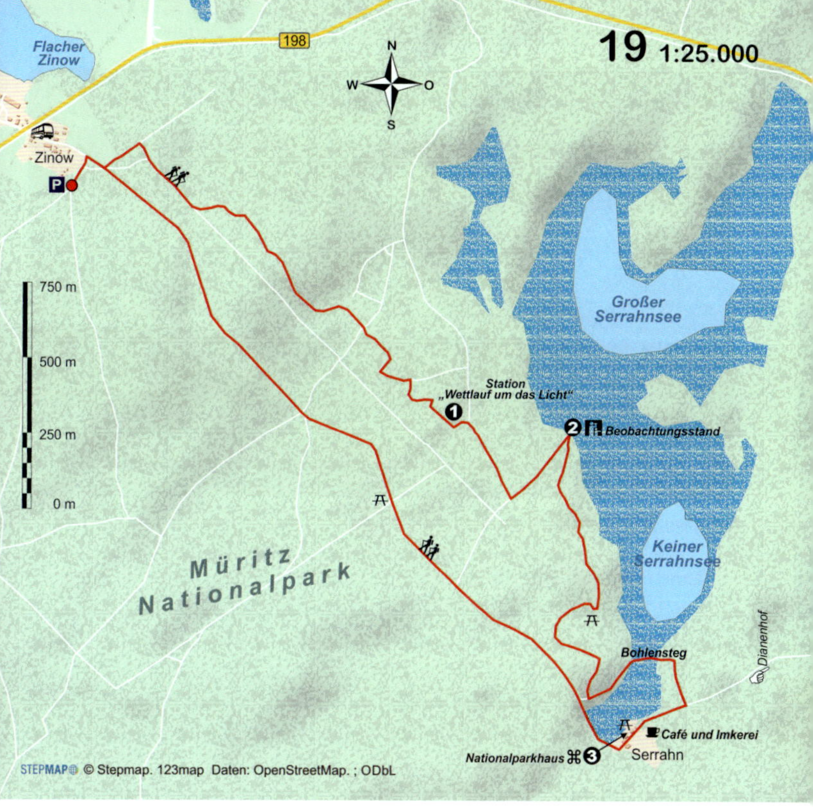

Nachdem Sie den Fahrweg überquert haben, laufen Sie noch für etwa 150 m geradeaus und leicht bergan und folgen dann der Markierung eines grünen Buchenblatts nach rechts in den Wald. Der Waldlehrpfad folgt der natürlichen Waldentwicklung und zeigt anschaulich, wie sich ein einstiger Wirtschaftsforst zu einem naturnahen Buchenwald entwickelt, wenn der Förster Axt und Kettensäge ruhen und man der Natur ihren Lauf lässt.

Zunächst wandern Sie durch einen fast mystischen Traubeneichenwald, dann durch einen hellgrünen Kiefernforst. Es ist absolut still und am Wegesrand informieren immer wieder Schautafeln über Besonderheiten an der jeweiligen Stelle. Die Gestaltung ist dabei sehr dezent, sodass sich nicht das Gefühl einstellt, durch einen „Schilderwald" zu wandeln.

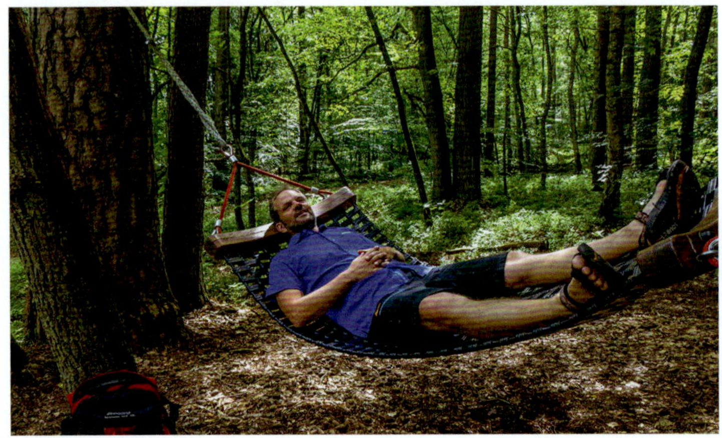

Station Wettlauf um das Licht

Eine tolle Idee ist z. B. die Station „Wettlauf um das Licht“, die Sie nach knapp 2 km erreichen ❶. Hier laden die zwischen den Baumstämmen aufgespannten Hängematten zu einer Rast ein und eröffnen die Möglichkeit, den Wald aus einer ganz neuen Perspektive zu erleben. Lässig mit den Armen hinter dem Kopf verschränkt können Sie hier gen Himmel blicken und die Lichtdurchlässigkeit der unterschiedlichen Baumkronen anschaulich miteinander vergleichen.

Knapp 300 m weiter erreichen Sie eine T-Kreuzung. Hier führt der mit einem schwarzen Eber markierte Weg nach rechts. Sie aber folgen weiterhin dem Symbol eines grünen Buchenblatts, das Sie nach links zum Beobachtungsstand am Serrahner See ❷ mit weitem Blick über die Moorflächen des verlandeten Sees und abgestorbene Baumstümpfe bringt. Am gegenüberliegenden Ufer versteckt sich ein Fischadlerhorst und mit etwas Glück lassen sich neben See- und Fischadlern auch Kraniche im Schilf entdecken.

Vor dem Beobachtungsturm laufen Sie in einer scharfen Kurve weiter und finden sich im Halbdunkel unter dem dichten Blätterdach der Buchen wieder. Links und rechts des Weges herrscht das natürliche Chaos aus jungen, alten, kräftigen und morschen Bäumen und dazwischen umgestürztes Totholz.

Sie passieren ein Holzschild, das die Stelle markiert, an der sich einst das Dorf Saran befunden hat. Eine ähnliche Infotafel wie am Start zeigt dann das Ende des Naturerlebnispfads an und Sie erreichen eine Lichtung am Waldrand vor einer Wiese mit zwei Rastbänken. Auf der gegenüberliegenden Seite können Sie schon die Gebäude der ehemaligen Försterei entdecken, die heute das Nationalparkhaus beherbergen.

Sie laufen aber zuerst nach links und dann über einen Bohlensteg durch ein zauberhaftes Moor mit seltenen Pflanzen, wie z. B. dem Sonnentau, zu einem breiten Fahrweg. Hier führt die Markierung des grünen Buchenblatts nach links zum Wanderparkplatz im kleinen Weiler Dianenhof an der B198. Sie wenden sich an der Kreuzung aber nach rechts. Im Sommer bietet die links vom Weg liegende kleine Imkerei die Möglichkeit, Honig zu kaufen und im liebenswerten Café im wilden Garten wird selbst gebackener Kuchen serviert.

Café der Imkerei, keine Adresse, keine festen Öffnungszeiten

Rastbank gegenüber NP-Info

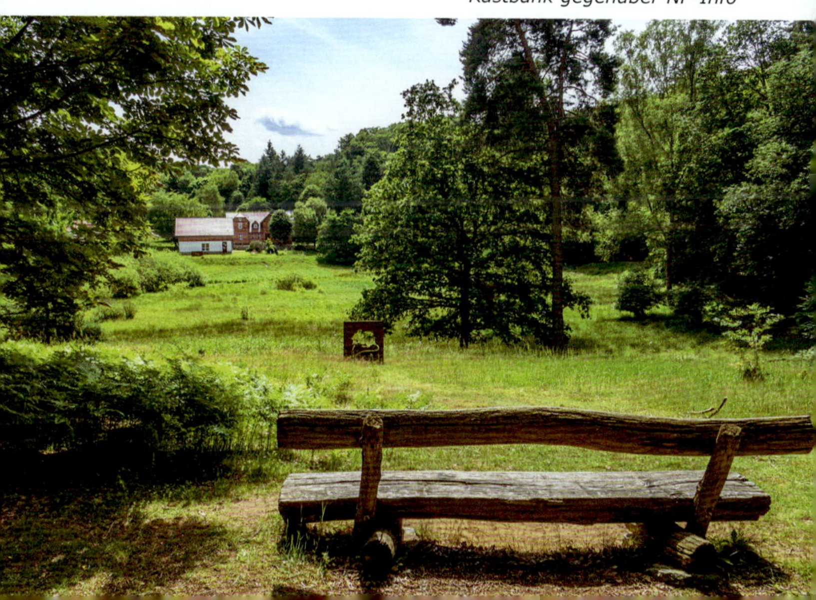

Ein paar Schritte weiter erreichen Sie die Gebäude der Nationalpark-Information. Neben der Galerie des Naturfotografen Roman Vitt (💻 www.naturfotografie-roman-vitt.de) gibt es im ⌘ Nationalparkhaus die moderne, multimediale Ausstellung „Im Reich der Buchen“ zu sehen ❸.

⌘ Nationalparkhaus, Forsthaus Serrahn, 17237 Zinow, ☏ 03 98 21/415 00, im Sommer 10:00-17:00, im Winter nur sporadisch geöffnet

An der Nationalpark-Information bieten Picknickbänke die Möglichkeit zur Brotzeit und für den Rückweg laufen Sie am Gebäude der Nationalparkverwaltung vorbei. An der Gabelung bei der Infotafel folgen Sie dann dem Wegweiser „Zinow 3 km“ nach rechts auf den breiten Fahrweg.

Im weiteren Verlauf können Sie alle nach links und rechts abzweigenden Wege ignorieren und kommen in einem leichten Auf und Ab durch die hügelige Moränenlandschaft zurück zum Parkplatz in Zinow.

In Serrahn

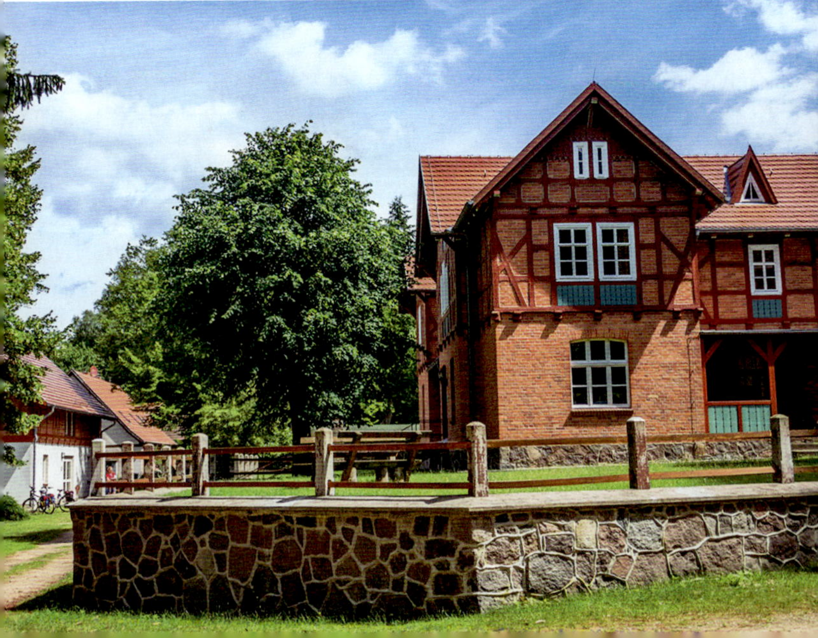

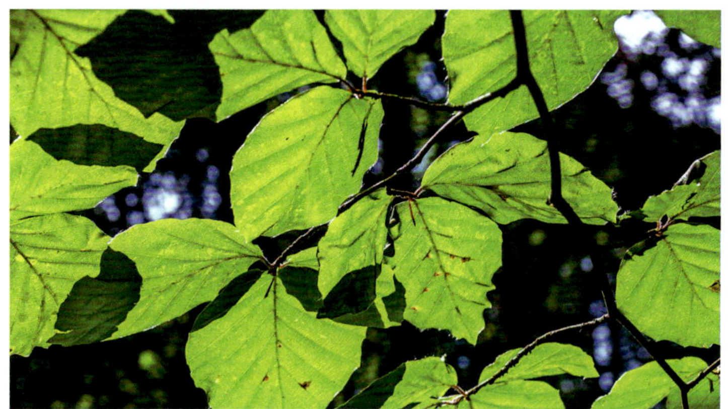

Gegenlicht lässt die Buchenblätter im zarten Grün schimmern

Weltnaturerbe Buchenwälder

Östlich von Neustrelitz liegt das Teilgebiet Serrahn des Müritz-Nationalparks mit dichten, ursprünglichen Buchenwäldern auf einer Fläche von knapp 270 ha. Im Juni 2011 wurden sie von der UNESCO in die Liste der Weltnaturerbestätten aufgenommen. Die Wälder erheben sich auf den Kuppen einer Endmoränenlandschaft und sind mit Seen und Mooren durchsetzt. Das bunte Mosaik der unterschiedlichen Lebensräume bildet die Grundlage für eine große Artenvielfalt. So kommen hier rund 130 Vogelarten vor, das Totholz ist Heimat für viele Insekten- und Pilzarten und in den Baumhöhlen fühlen sich die unterschiedlichsten Fledermausarten wohl.

Seit rund 60 Jahren hat kein Mensch mehr die Serrahner Buchenwälder genutzt, sodass die natürlichen Entwicklungsschritte und Stadien eines Buchenwaldes anschaulich erlebbar werden. Die Grundlage für diesen einmaligen Naturschatz legten die mecklenburgischen Großherzöge dank ihrer Jagdleidenschaft. Sie ließen das ganze Gebiet umzäunen und sorgten dafür, dass die Wälder rund um Serrahn nicht forstwirtschaftlich genutzt wurden.

Da die Herzöge sich nur für das Wild, aber nicht den Baumbestand interessierten, entstand ein einmaliges Waldgebiet, das bereits 1961 zum Naturschutzgebiet, auf Teilflächen sogar zum Totalreservat erklärt wurde und 1990 schließlich Teil des Müritz-Nationalparks wurde.

⑳ Rund um das Nationalparkdorf Goldenbaum

Spaziergang für ruheliebende Wald- und Seenliebhaber

Wer Ruhe und Einsamkeit sucht, ist bei dieser Wanderung goldrichtig. Trotz der überschaubaren Länge von gut 7 km bietet der mit einem roten Eichhörnchen markierte Wanderweg durch die eiszeitlich geprägte Landschaft rund um den abgeschiedenen Nationalparkort Goldenbaum viel Abwechslung und am Uferweg entlang des Mühlensees zeugen die Bissspuren an den Bäumen vom Wirken der Biber.

Start/Ziel: Jugendwaldheim Steinmühle, GPS N 53°19.786' E 013°16.291'

7,1 km

2 Std.

100 m/100 m

80-115 m

Die vorgestellte Rundtour ist mit dem Symbol eines roten Eichhörnchens markiert.

Waldpfade, Forst- und Feldwege

im Sommer Café Kudu in Goldenbaum (km 4,6)

Picknicktische am Ufer des Grünower Sees an der Steinmühle (km 0/km 7,1) und in Goldenbaum (km 4,7)

Die Wanderung ist gut für Kinder geeignet. Besonders schön ist der Uferweg am Mühlensee zwischen Steinmühle und Goldenbaumer Mühle, wo zahlreiche umgestürzte Bäume zum Balancieren und Klettern einladen. In Goldenbaum gibt es außerdem einen kleinen Spielplatz.

Insbesondere die Strecke am Seeufer ist für Kinderwagen ungeeignet (schmaler, z. T. von Baumwurzeln durchsetzter Pfad, steiler Ab- und Anstieg zum bzw. vom Seeufer, vereinzelt quer liegende Bäume).

Die Rundtour auf einsamen, praktisch autofreien Wegen ist gut für Hunde geeignet.

An Schultagen fährt ein- bis zweimal pro Tag ein Bus nach Goldenbaum (Linie 620 Neustrelitz – Grünow – Blankensee, www.mvvg-bus.de).

P Kleiner Wanderparkplatz am Ende der Straße vor dem Jugendwaldheim Steinmühle; alternativ kann die Wanderung auch in Goldenbaum begonnen werden, in der Ortsmitte gibt es ausreichend Parkmöglichkeiten, GPS N 53°19.532' E 013°14.447'. Anfahrt zum Start: von Neustrelitz auf der B198 in Richtung Woldegk und nach knapp 15 km in östliche Richtung am Ortseingang von Carpin rechts ab nach Goldenbaum und den Wegweisern Richtung Jugendwaldheim Steinmühle folgen

Vom Parkplatz starten Sie in Richtung des Jugendwaldheims, biegen aber gleich noch vor den Gebäuden hinter dem überdimensionalen Stuhl am rechten Straßenrand nach rechts auf den Weg in den Wald ab(Wegweiser „Goldenbaum 2,5 km").

In der im 18. Jh. errichteten Steinmühle am südlichsten Zipfel des Grünower Sees wurde noch zu Beginn des 20. Jh. Getreide gemahlen und ein Sägewerk betrieben. Nach einem Brand um 1910 wurde das Gebäude als

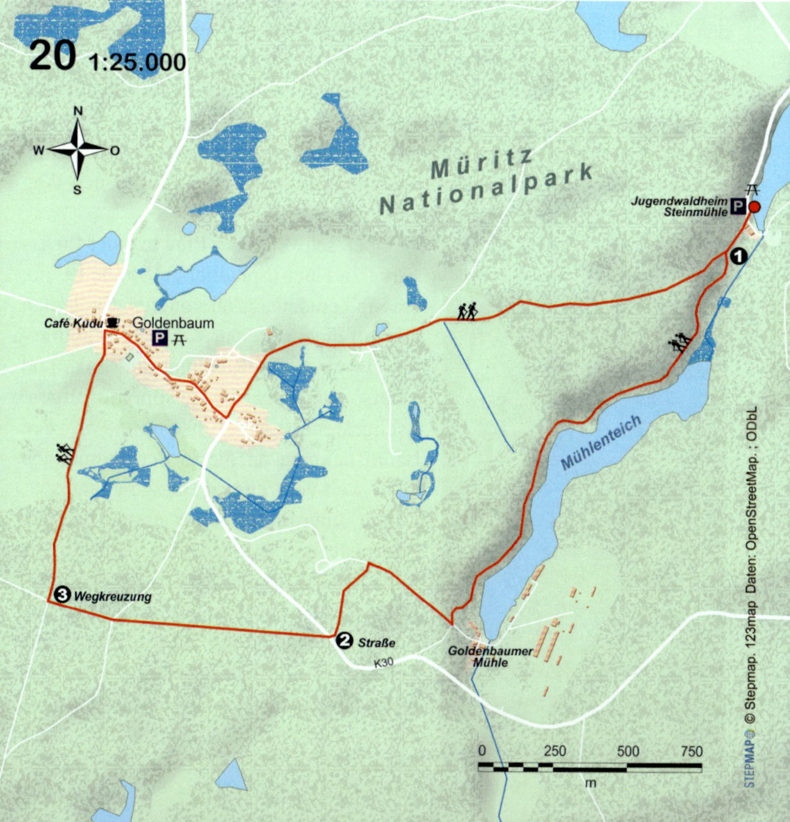

Försterei neu errichtet und beherbergt seit 1996 die Bildungsstätte des Müritz-Nationalparks, in der Schulklassen und Jugendgruppen die für den Nationalpark typischen Naturräume wie Wald, See und Moor kennenlernen und erleben können.

Links vom Weg plätschert der Bach, der den Grünower See mit dem Mühlenteich verbindet, und Sie treffen auf die erste Eichhörnchen-Markierung. Gleich an der ersten Wegkreuzung ❶ halten Sie sich links und es geht auf einem recht steilen Pfad hinab ans Seeufer.

Hin und wieder liegt ein umgestürzter Baum quer über dem Weg, aber die Hindernisse sind in der Regel unproblematisch zu überwinden. Dann führt der Weg immer parallel zum See weiter. Immer wieder bieten sich zwischen den Bäumen schöne Blicke über die Wasserfläche und an den Bäumen künden Bissspuren von der regen Tätigkeit der hier lebenden Biber.

Nach gut 1 km tauchen am gegenüberliegenden Ufer Reste von ein paar verfallenen landwirtschaftlichen Gebäuden und die Goldenbaumer Mühle auf. Bald darauf kehren Sie auf dem Weg dem Mühlenteich den Rücken zu und der Weg führt Sie bergan und dann auf einem grasbewachsenen Weg an einer Hochspannungsleitung entlang.

Spuren des Harzen

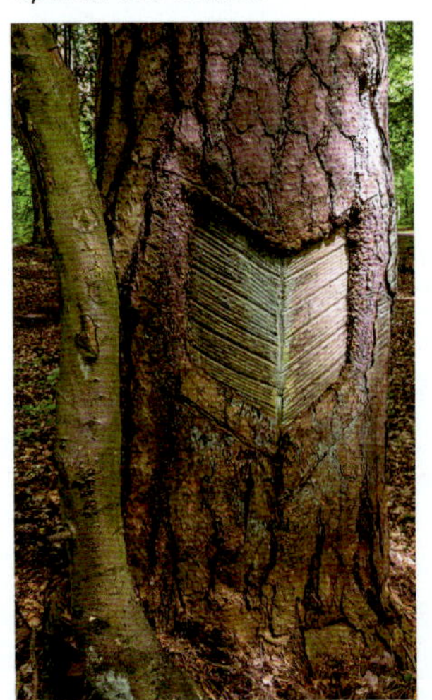

Oben schwenkt der Pfad in einer Linkskurve zu einer asphaltierten Straße ❷ hin, die Sie geradewegs überqueren. Sie laufen nun auf einem breiten Waldweg schnurgerade in westliche Richtung und links und rechts erinnern die wappenförmigen, fischgrätenartigen Einschnitte an den Baumstämmen an die in der ehemaligen DDR weit verbreiteten Harzgewinnung.

Sie überqueren eine erste, breitere Querpiste und wenden sich dann an der folgenden Wegkreuzung nach rechts ❸. Bald darauf verlassen Sie den Wald und setzen die Wanderung auf einem schönen Feldweg in nördliche Richtung fort. Kraniche stolzieren über die Felder und voraus tauchen bald die Häuser von Goldenbaum auf.

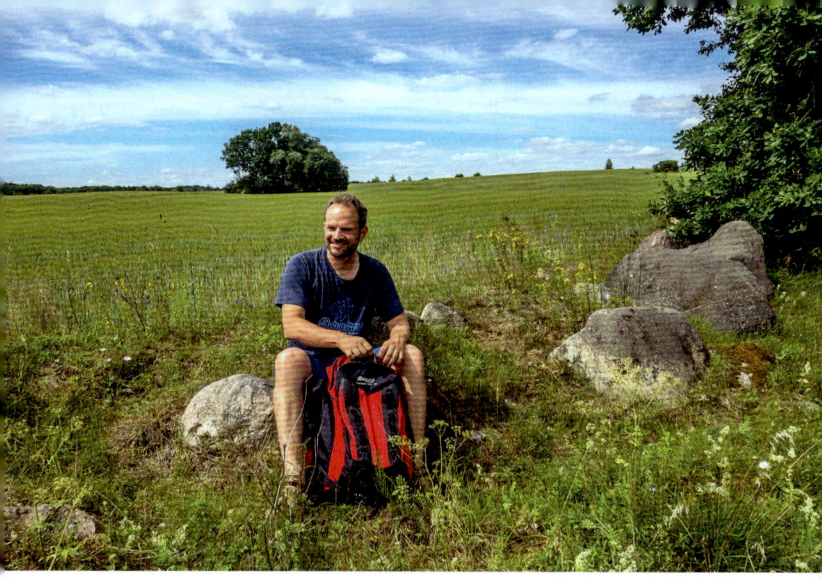

Am Feldweg nach Goldenbaum

Bei der Kreuzung an den ersten Häusern laufen Sie geradeaus weiter und an der kurz darauf folgenden Kreuzung halten Sie sich rechts. Gegenüber bietet das kleine ☕ Café Kudu im Sommer die Möglichkeit, sich mit Kaffee, Kuchen, Snacks und Getränken für den Rückweg zu stärken.

☕ Café Kudu, Goldenbaum 5, 17237 Goldenbaum, 📱 01 77/304 06 08, 🚪 nach Bedarf

Sie folgen der Dorfstraße und erreichen einen kleinen Spielplatz. Nebenan bietet ein Picknicktisch direkt neben der Pferdekoppel eine gute Möglichkeit zur Rast. Anschließend laufen Sie weiter durch den Ort und halten sich bei dem Storchennest am Ortsende links.

Der Weg führt noch ein wenig durch die Felder, Weiden und Wiesen und verschwindet dann erneut im Wald. Etwa 800 m weiter stehen Sie wieder an der vom Beginn der Wanderung bekannten Wegkreuzung. Hier laufen Sie geradeaus weiter und sind nach wenigen Schritten zurück am Parkplatz vor der Steinmühle, wo ein Picknicktisch direkt am Ufer des Grünower Sees die Gelegenheit bietet, die Wanderung gemütlich ausklingen zu lassen.

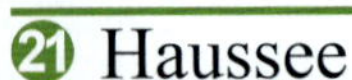21 Haussee

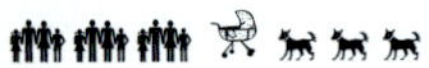

Aussichtsreiche Seerunde für Naturfreunde

Herrlicher Buchenwald, eine imposante Endmoräne und immer wieder Wasser: Der kurzweilige Rundweg um den Haussee bietet alles, was die Vielfalt und den landschaftlichen Reiz der Feldberger Seenlandschaft auszeichnet.

- Start/Ziel: Ortsmitte Feldberg, GPS N 53°20.150' E 013°26.469'
- 7,5 km
- 2 Std.
- 95 m/95 m
- 80-125 m
- Die vorgestellte Route ist nicht markiert, aber gut zu finden, da es praktisch immer am See entlanggeht.
- naturbelassener, z. T. morastiger Waldweg am Ufer und asphaltierte Straßen, kurzer, steiler An- und Abstieg am Aussichtspunkt Reiherberg
- breites gastronomisches Angebot in Feldberg, unterwegs keine Einkehrmöglichkeiten
- Rastplatz Reiherberg (km 3,3), im Wegverlauf vereinzelt Sitzbänke
- Supermarkt in Feldberg in der Nähe des Startpunkts gegenüber dem Kreisverkehr, unterwegs keine Einkaufsmöglichkeiten
- Badestelle Hüttenberg am Breiten Luzin (km 4,6), Badestelle Amtswerder unweit des Start-/Endpunkt der Wanderung
- Die Runde um den Feldberger Haussee ist gut für Kinder geeignet. Am Ende der Wanderung lohnt sich im Sommer ein Besuch der schönen Badestelle auf der Halbinsel Amtswerder. Sie bietet mit einer großen Liegewiese und Nichtschwimmerbereich Badefreuden für die ganze Familie und in der Hauptsaison kümmert sich ein Rettungsschwimmer um die Sicherheit.
- Der schmale, holprige und z. T. sumpfige Waldweg am Nordufer des Haussees lässt sich nicht mit Kinderwagen befahren und muss über den parallel verlaufenden Radweg umfahren werden.
- Die Tour ist gut für Hunde geeignet, da sie auf einsamen Waldwege direkt am Seeufer verläuft und es kaum Verkehr auf den Straßenabschnitten gibt.
- Vom Hauptbahnhof Neustrelitz verkehrt die Linie 619 im Zwei-Stunden-Takt nach Feldberg, www.mvvg-bus.de.

P kostenfreier Parkplatz Weidendamm am Beginn der Halbinsel Amtswerder; Anfahrt: von Neustrelitz auf der B198 in Richtung Woldegk, in Möllenbeck rechts ab nach Feldberg und dort den Schildern Richtung Zentrum/Amtswerder folgen

Vom Parkplatz Weidendamm an der Zufahrtsstraße zur Halbinsel Amtswerder laufen Sie zurück in Richtung Ortsmitte, biegen aber noch vor dem Kreisverkehr rechts ab in die Strelitzer Straße.

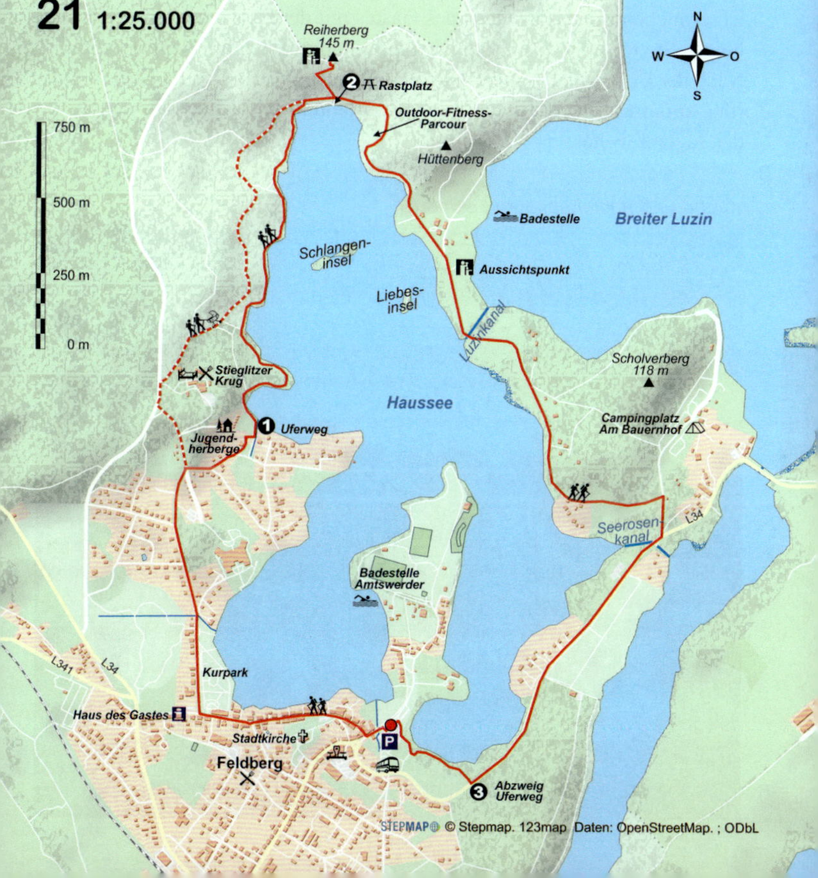

Zur Rechten können Sie zwischen den Häusern schon immer mal wieder einen Blick auf den See erhaschen, zur Linken erhebt sich die ✝ Feldberger Stadtkirche. Die Basilika im neoromanischen Stil mit ihrem imposanten, 53 m hohen Turm wurde Ende des 9. Jh. auf dem heutigen Kirchberg errichtet, nachdem 1870 die alte Fachwerkkirche auf der Halbinsel Amtswerder niedergebrannt war. Die verwendeten Backsteine wurden in der Lichtenberger Ziegelei gebrannt und per Kahn über den Breiten Luzin und den Haussee nach Feldberg transportiert.

Nachdem ein kleiner Kinderspielplatz am Ufer des Haussees passiert ist, erreichen Sie das i Haus des Gastes mit der Kurverwaltung. Dahinter biegen Sie rechts in die Kastanienallee ein und laufen am Kurpark entlang. Nach der Brücke über einen schmalen Bach halten Sie sich im Kreisel links (die Abfahrt nach rechts führt zur Reha-Klinik) und laufen auf der Straße der Jugend weiter.

Kirche und Bootshäuser in Feldberg

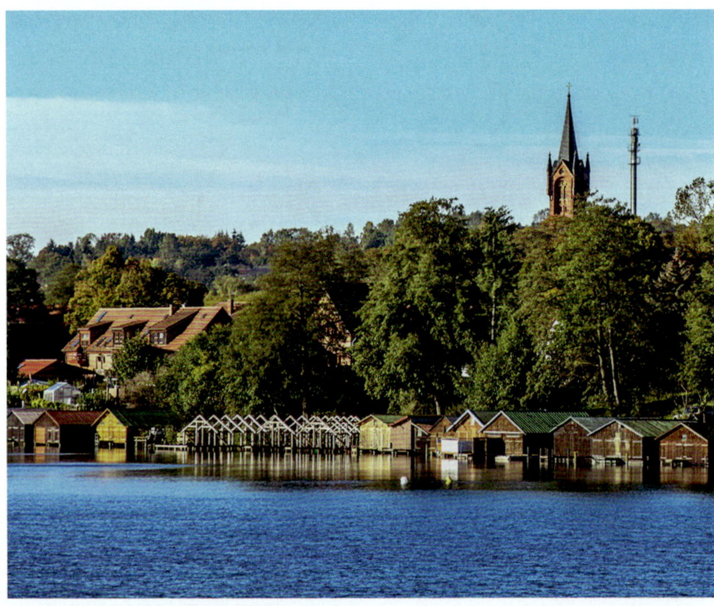

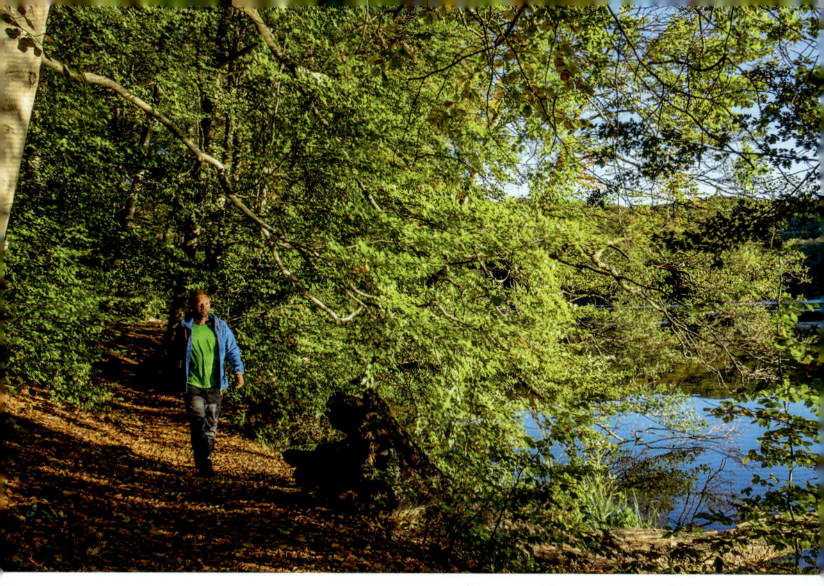

Morgenstimmung am Haussee

Mit dem Kinderwagen laufen Sie an der nachfolgend erwähnten Kreuzung auf der Straße der Jugend weiter geradeaus und an der Zufahrt zur Jugendherberge vorbei bis zur Einmündung in den Schlichter Damm. Hier laufen Sie für knapp 100 m nach rechts und biegen hinter der Zufahrt zum Waldhotel & Restaurant Stieglitzer Krug rechts auf den Radweg durch den Buchenwald ab. Dieser bringt Sie parallel zum unwegsamen Uferwanderweg an den Rastplatz Reiherberg.

An der Kreuzung nach gut 450 m biegen Sie nach rechts in die Straße Klinkecken ab. Am Ende der Straße laufen Sie vor den Neubauten und dem Gelände der Jugendherberge nach rechts und an dem Bootsverein vorbei auf den herrlichen Uferweg am Haussee ❶.

Für 1,3 km geht es durch dichten Wald direkt am Ufer entlang. An einer mächtigen, gefällten Rotbuche treffen Sie auf den asphaltierten Radweg und folgen diesem nach rechts bis zum Rastplatz am Reiherberg.

Der kurze, aber steile und durch ein Geländer gesicherte Anstieg nach links zum Aussichtspunkt auf dem Reiherberg ❷ ist unbedingt zu empfehlen. Von der 145 m hohen, eiszeitlichen Endmoräne mit einer steilen Abbruchkante bietet sich ein herrliches Panorama über die Schlangeninsel im Haussee auf das Städtchen Feldberg.

Naturpark Feldberger Seenlandschaft

Zwischen den Städten Fürstenberg, Woldegk und Neustrelitz im Südosten der Mecklenburgischen Seenplatte liegt der über 345 km² große Naturpark Feldberger Seenlandschaft mit altem Buchenwaldbestand, glasklaren Seen und Kesselmooren.

Gestaltet wurde die abwechslungsreiche Landschaft durch die letzte Eiszeit. Jenseits der brandenburgischen Landesgrenze schließt sich nahtlos der Naturpark Uckermärkische Seen an und zusammen repräsentieren die beiden Naturparks die Abfolge der „glazialen Serie" wie im Lehrbuch. Auf die Grundmoränen im Norden folgen die für hiesige Verhältnisse steil aufragenden Endmoränen rund um Feldberg, dann die Sanderflächen mit ihren Binnendünen und Kiefernwäldern und schließlich das Urstromtal, aus dem das heutige Flusssystem der Havel hervorgegangen ist.

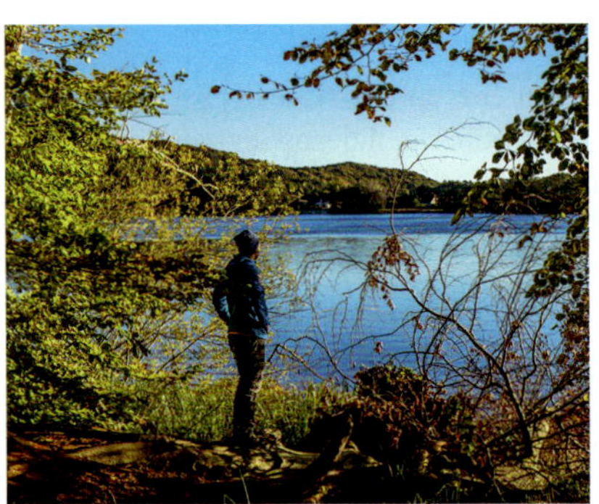

Der Wanderweg führt direkt am Ufer entlang

Danach laufen Sie auf gleichem Weg zurück ans Ufer und setzen die Wanderung auf dem Radweg fort. Falls Sie sich durch die Wanderung noch nicht ausreichend gefordert fühlen, können Sie sich im weiteren Verlauf an den acht Geräten des Outdoor-Fitness-Parcours mit Blick auf den See auspowern und etwas für Koordination, Ausdauer und Beweglichkeit tun.

Rund 500 m weiter erreichen Sie die Feldberger Hütte.

Ein Abstecher nach links führt nach wenigen Schritten zur schönen Badestelle Hüttenberg am Ufer des Breiten Luzin.

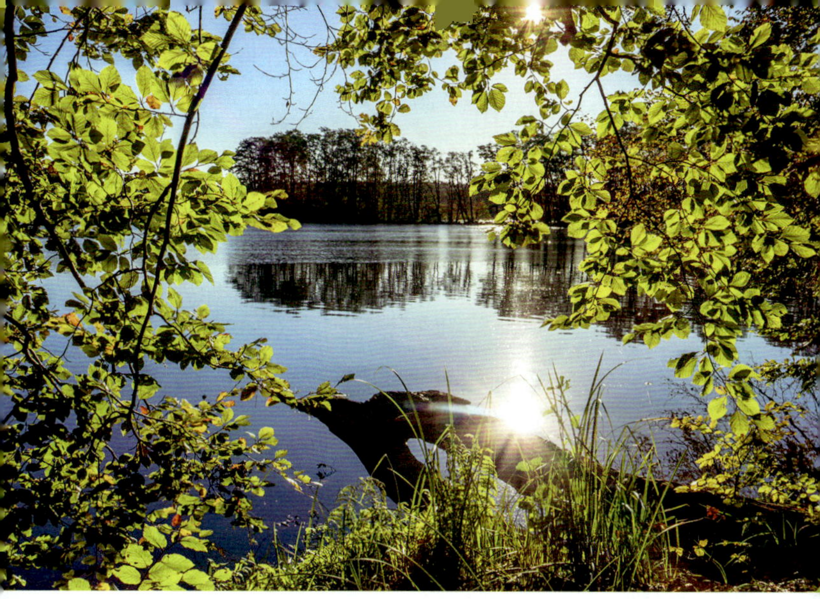

Glasklare Seen und Wald prägen das Landschaftsbild

Für den Rückweg nach Feldberg laufen Sie hier nach rechts weiter und das Sträßchen führt nun über eine schmale Landzunge zwischen dem Haussee und Schmalen Luzin.

Vom Aussichtspunkt am linken Wegesrand bietet sich ein herrlicher Blick über die Landschaft. Anschließend überqueren Sie den Luzinkanal, der 1820 als Transportweg für die Lichtenberger Ziegelei angelegt wurde.

Im weiteren Wegverlauf passieren Sie einen Gedenkstein für den Heimatforscher Reinhard Barby und laufen in einer weiten Linkskurve bis zur Zufahrtsstraße zum Feldberger Campingplatz. Hier wenden Sie sich nach rechts (Wegweiser „Zentrum 1,7 km“) und treffen knapp 150 m weiter auf die Landstraße von Feldberg nach Prenzlau.

Hier laufen Sie auf dem Bürgersteig nach rechts weiter in Richtung Feldberg und überqueren den Seerosenkanal. Gut 1 km weiter verlassen Sie die Straße nach rechts auf einen schmalen Pfad ❸ und laufen hinter den Bootshäusern über einige Stege (Rutschgefahr) auf dem Wanderweg am Ufer zurück zum Parkplatz am Weidendamm.

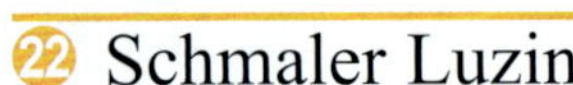

22 Schmaler Luzin

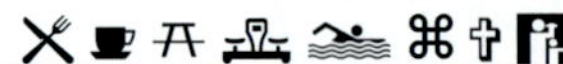

Spaziergang für wanderlustige Naturfreunde

Der Schmale Luzin zählt zu den schönsten Gewässern in der Mecklenburgischen Seenplatte. Der lang gestreckte Rinnensee mit glasklarem Wasser wurde von den Gletschern der letzten Eiszeit ausgeschürft und verbindet den Carwitzer See mit dem Breiten Luzin.

Eine Überfahrt mit der handbetriebenen Seilfähre, uriger Wald und dunkles Moor im Naturschutzgebiet Hullerbusch, die auf den Magerwiesen des Hügelrückens weidenden Schafe, weite Blicke von den steilen Uferhängen des Hausbergs und das idyllische ehemalige Fischerdorf Carwitz machen diese Wanderung zu einer Tour der Extraklasse.

Start/Ziel: Luzinfähre am südlichen Ortsrand von Feldberg, GPS N 53°19.603' E 013°26.491'

10,3 km

3 Std.

150 m/150 m

80-120 m

Die Strecke ist z. T. als Naturlehrpfad ausgewiesen, aber nur sporadisch markiert.

überwiegend naturbelassene Ufer- und Waldwege, kürzere Abschnitte auf asphaltierten Sträßchen oder Spurplattenwegen

Imbiss an der Fähre Hullerbusch (km 0,1/km 10,2), Café an der Schäferei auf dem Hullerbusch (kurzer Abstecher bei km 0,6 oder km 3,8), mehrere Cafés und Restaurants in Carwitz (km 5,7)

Rastplätze mit Picknicktischen am Holzsteg im Moor auf dem Hullerbusch (km 1,9) und auf dem Hausberg (km 3,8 und km 4,6) sowie an der Badestelle Ziegenwiese (km 8,5), zusätzlich vereinzelt Sitzbänke im gesamten Wegverlauf

Hofladen an der Schäferei Hullerbusch (kurzer Abstecher bei km 0,6 oder km 3,8)

Badestelle Carwitz (km 6,3), Badestelle Ziegenwiese (km 8,7)

Die Tour bietet ideale Voraussetzungen für Wanderungen mit Kindern. Auf den naturnahen Wegen gibt es mit jedem Schritt etwas Neues zu entdecken. Highlights sind je nach Alter die Fährüberfahrt, der Spielplatz in Carwitz oder die beiden Badestellen. Je nach Alter und Kondition der Kinder lässt sich die Strecke gut abkürzen. Mit den ganz Kleinen können Sie z. B. nur den Naturlehrpfad durch den Wald und das Moor auf dem Hullerbusch laufen (ca. 4 km), indem Sie hinter dem Jagenstein ❺ direkt zur Fähre zurückkehren. Die Strecke lässt sich um etwa 2 km verkürzen, wenn Sie nach dem Aufstieg vom Fähranleger oben geradewegs am Hotel Hullerbusch vorbeilaufen, um direkt auf den Steiluferweg zum Hauptmannsberg zu treffen.

Die Tour lässt sich nicht mit Kinderwagen befahren. Die naturbelassenen Wege sind z. T. schmal, mal mit Wurzeln durchsetzt und mal sandig. Hinzu kommt der steile Abstieg zur Fähre sowie der steile Anstieg zum Hullerbusch auf der gegenüberliegenden Uferseite.

Die Tour auf einsamen Waldwegen direkt am Seeufer ist gut für Hunde geeignet.

Vom Hauptbahnhof Neustrelitz verkehrt die Linie 619 im Zwei-Stunden-Takt nach Feldberg, www.mvvg-bus.de. Den Startpunkt der Wanderung erreichen Sie vom Kreisverkehr an der Bushaltestelle vor dem Feldberger Rathaus über die Prenzlauer Straße in Richtung östlicher Ortsausgang. Vorher rechts ab auf den Fischersteig, der Sie in südliche Richtung aus der Stadt heraus und dann durch die Felder direkt zum Wanderparkplatz oberhalb der Luzinfähre bringt.

P kostenpflichtiger Wanderparkplatz oberhalb der Luzinfähre (Tagesticket € 5); Anfahrt: von Neustrelitz auf der B198 in Richtung Woldegk bis Möllenbeck, dort rechts ab nach Feldberg, am ersten Kreisverkehr im Ortszentrum geradeaus auf den Luzinweg und hinter der Luzinklinik dem Hinweis zur Luzinfähre nach links bis zum Wanderparkplatz folgen

Mai-Juni und Sep-Okt verkehrt die Seilfähre, die Sie kurz hinter dem Start nutzen müssen, nur Freitag bis Dienstag und die Tour kann daher mittwochs und donnerstags nicht gewandert werden. Von November bis April verkehrt die Fähre außerdem nur nach Absprache!

Von der Zufahrt gleich zu Beginn des Parkplatzes führt eine steile Natursteintreppe hinunter an das Ufer des Schmalen Luzins und während des Abstiegs bietet sich ein schöner Blick über die türkisgrün glitzernde, von bewaldeten Steilhängen eingerahmte Wasserfläche des Schmalen Luzins. Unten warten die Seilfähre und ein Imbiss.

Zu jeder vollen und halben Stunde kurbelt Fährmann Thomas Voigtländer seinen Kahn per Drahtseil in wenigen Minuten hinüber auf den Hullerbusch; 01 70/307 01 28, www.luzinfaehre.de, Mai-Juni und Sep Fr- Di ab 10:00; Juli/Aug tgl. ab 10:00, Okt Fr-Di ab 12:00 (außer bei Regenwetter), Nov-April nur nach Absprache.

Imbiss, An der Fähre 1, 17258 Feldberger Seenlandschaft, 01 70/307 01 28

Vom Anlegesteg am gegenüberliegenden Ufer laufen Sie im Wald bergan und treffen oben an einer T-Kreuzung auf einen quer verlaufenden Spurplattenweg.

Ein Abstecher nach rechts führt Sie nach gut 300 m zur Schäferei Hullerbusch, deren Rauwollige Pommersche Landschafe sich um die Landschaftspflege in den Naturschutzgebieten Hauptmannsberg und Schmaler Luzin kümmern. Im Hofladen gibt es Schafwollprodukte und frisches Lammfleisch aus eigener Schlachtung zu kaufen, im Café können Sie sich mit Lammsoljanka, selbst gebackenem Kuchen und so manch anderer regionaler Köstlichkeit stärken. Es gibt auch leckeres Ziegenmilcheis.

Schäferei Hullerbusch, Hullerbusch 2, 17258 Feldberger Seenlandschaft, 03 98 31/200 06, www.schaeferei-hullerbusch.de, in der Hochsaison tgl. 11:00-18:00

Für die Fortsetzung der Wanderung wenden Sie sich an der zuvor erwähnten Kreuzung auf dem Plattenweg nach links und können nach wenigen Schritten rechts einen Blick auf eine stattliche Villa mitten im Wald werfen. Das klassizistische Gebäude wurde 1904 errichtet und wurde in der ehemaligen DDR gerne als Gästehaus für gediente Parteibonzen genutzt. Heute ist das charmante Hotel Hullerbusch mit acht Zimmern und zwei Suiten für jedermann zugänglich und bietet mit dem Jagdzimmer, dem Kleinen Restaurant sowie dem Blauen Salon gleich drei unterschiedlich eingerichtete Restauranträume. Auf der Speisekarte stehen bodenständige, regionale Gerichte und bei gutem Wetter können Sie Kaffee und frischen Kuchen auch auf der gemütlichen Terrasse bei einem Blick auf den umliegenden Park mit Magnolien und anderen exotischen Gehölzen genießen.

Restaurant im Hotel Hullerbusch, Hullerbusch 12, 17258 Feldberger Seenlandschaft, 03 98 31/202 43, www.hotel-hullerbusch.de, im Sommer tgl. 11:30-20:00

Am Hotel vorbei folgen Sie dem Plattenweg noch für gut 750 m in nordöstliche Richtung und biegen dann bei der Infotafel ❶ rechts in den Wald. Es gibt zwar zu Beginn einen Wegweiser „Wanderweg“, aber der

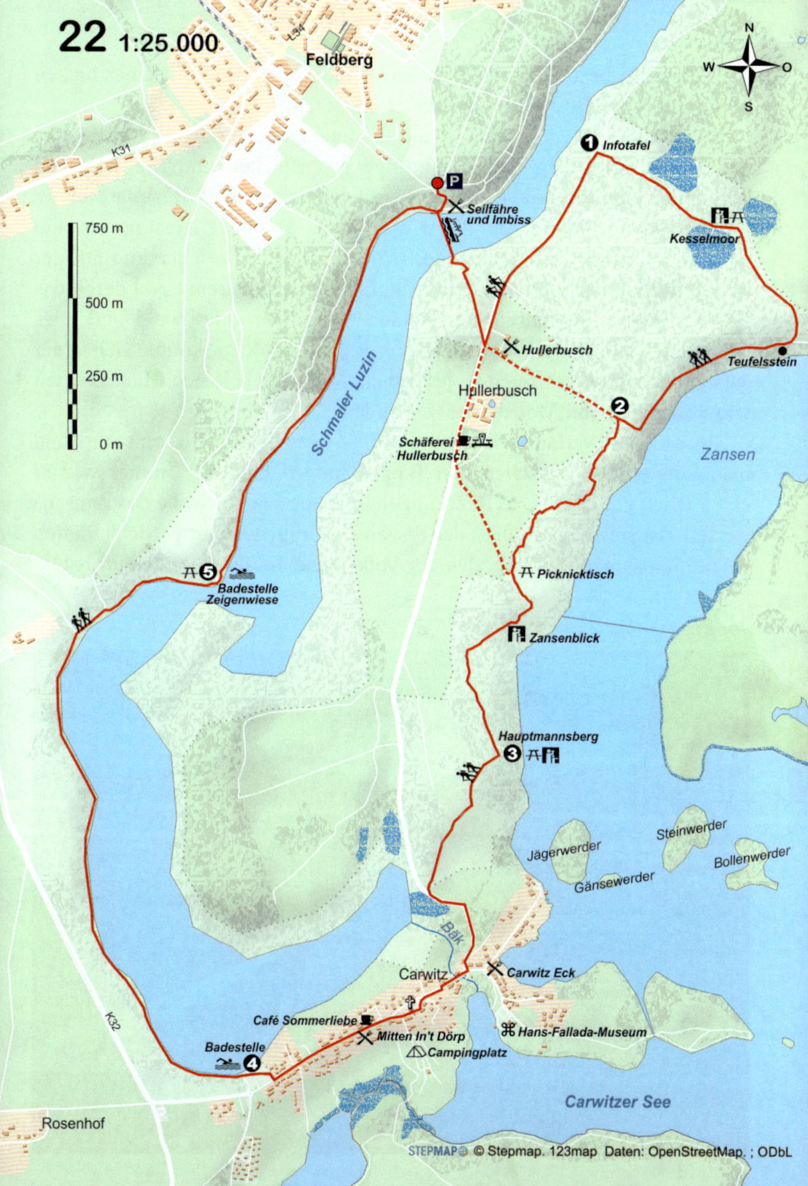
22 1:25.000
Feldberg
L34
K31
N
W
O
S
750 m
500 m
250 m
0 m
Infotafel
Seilfähre und Imbiss
Kesselmoor
Schmaler Luzin
Hullerbusch
Hullerbusch
Teufelsstein
Schäferei Hullerbusch
Zansen
Picknicktisch
Badestelle Zeigenwiese
Zansenblick
Hauptmannsberg
Jägerwerder
Steinwerder
Bollenwerder
Gänsewerder
Bäk
Carwitz
Carwitz Eck
Café Sommerliebe
Mitten In't Dörp
Hans-Fallada-Museum
Badestelle
Campingplatz
K32
Carwitzer See
Rosenhof
STEPMAP © Stepmap. 123map Daten: OpenStreetMap. ; ODbL

Pfad ist nicht besonders deutlich und gerade im Herbst mit einer dicken Laubschicht am Boden nur schwer zu erkennen.

Laufen Sie in etwa geradeaus und auf einer Höhe durch den Wald. Links und rechts vom Weg liegen sumpfige Moorflächen und Sie erreichen schließlich eine Infotafel des Naturlehrpfads und einen Rastplatz an der Aussichtsplattform auf das Kesselmoor. Solche Kleinstmoore sind typisch für eine Endmoränenlandschaft. Als sich die Gletscher am Ende der Eiszeit zurückzogen, wurden einzelne Eisblöcke abgetrennt und durch das Schmelzwasser des zurückweichenden Gletschers unter Sand und Kies begraben. Nach dem Abschmelzen dieser „Toteisblöcke" konnte sich in der entstandenen, abflussfreien Hohlform ein Moor mit seltenen Pflanzenarten wie Sonnentau und Moosbeeren ausbilden.

Im weiteren Verlauf schwenkt der Pfad in einer Kurve nach rechts und bald können Sie zwischen den Baumstämmen hindurch immer wieder einen Blick auf die tief zu Ihren Füßen liegende Wasserfläche des Zansens werfen. Auch weitere Spuren der Eiszeit sind allgegenwärtig. Sie passieren einen imposanten Findling, den der Volksmund Teufelsstein getauft hat.

Im Kesselmoor

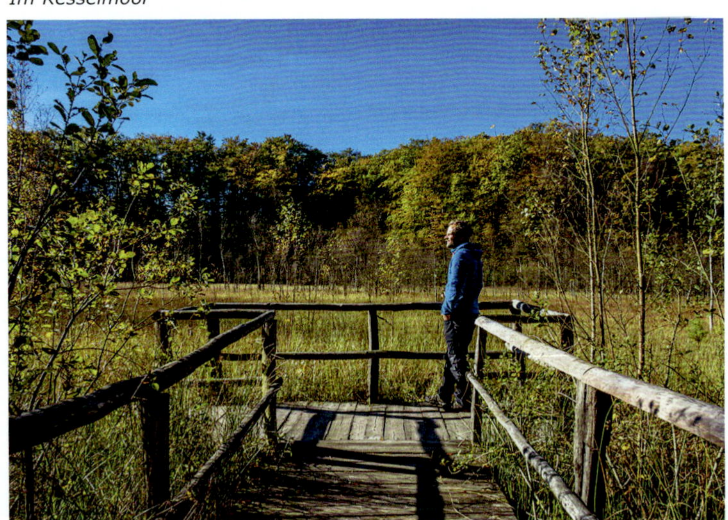

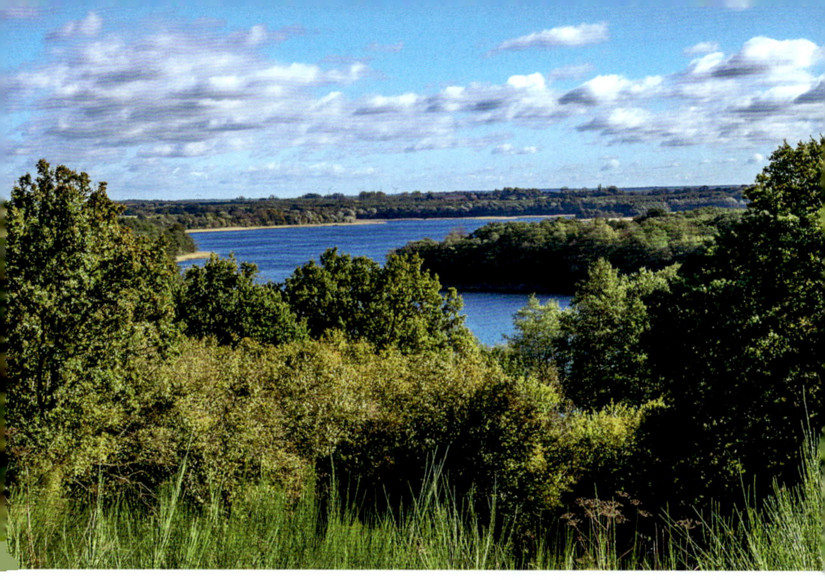

Aussichtspunkt Zansenblick

Der Legende nach sind die mächtigen Schrammen – die tatsächlich beim Transport durch den Gletscher durch die Reibung der Findlinge gegeneinander oder am felsigen Untergrund entstanden sind – die Kratzspuren der Klauen des Teufels, die entstanden, als dieser den Stein über den See geworfen hat. Nur gut 200 m weiter weist ein Schild auf den Ringwall, einen 200 m langen, hufeisenförmigen Steinwall, rechts vom Weg hin, der vor 3.000 Jahren um eine bronzezeitliche Kultstätte angelegt worden war.

Noch einmal 300 m weiter markiert der Jagenstein die frühere Abgrenzung der unterschiedlichen Waldabteilungen. Direkt dahinter halten Sie sich rechts, laufen ein kurzes Stück weiter und dann vor dem Zaun nach links ❷.

↳ Der Weg geradeaus führt direkt am Hotel Hullerbusch vorbei zurück zum Fähranleger.

Nun geht es noch ein Stück auf dem Steilufer hoch über dem Zansen weiter durch den Wald, dann erreichen Sie eine offenere, sanft gewellte Wiesenfläche auf dem Rücken der Halbinsel, wo ein erster Picknicktisch die Möglichkeit zu einer Rast bietet. Falls Sie hungrig sind, aber

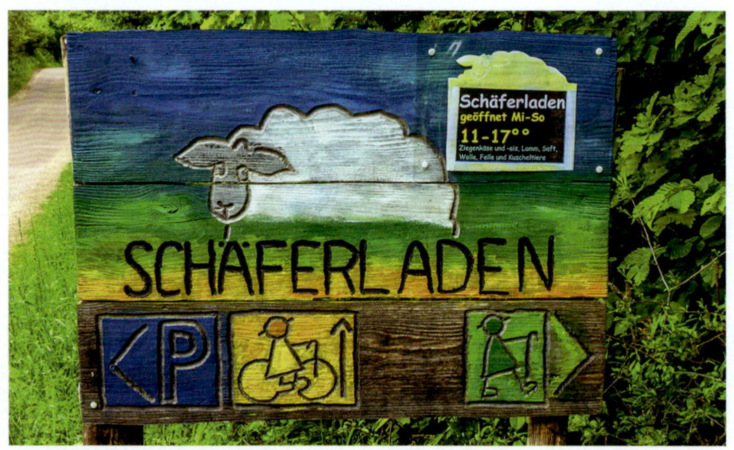

Schäferladen Hullerbusch

keinen eigenen Proviant dabeihaben, können Sie dem Hinweisschild schräg nach rechts über die Wiese zurück zur Schäferei Hullerbusch folgen.

Für die Fortsetzung der Wanderung halten Sie sich links und es folgen in kurzer Abfolge mehrere schöne Aussichtspunkte – zunächst der Zansenblick oberhalb einer scharf abfallenden Hangschulter und wenig später der Hauptmannsberg ❸, an dem Picknicktische zu einer Brotzeit mit weitem Panoramablick einladen. In südöstliche Richtung liegen der Carwitzer See mit dem Bohnenwerder, geradeaus voraus die Insel Jägerwerder und dahinter die Inseln Stein- und Bollenwerder und in nordöstliche Richtung der Zansen unterhalb des Hullerbusches.

200 m weiter stehen Sie auf dem „Gipfel" des Hauptmannsbergs, der mit seinen 120 m eine der höchsten Erhebungen in der Mecklenburgischen Seenplatte ist, und das Panorama wächst auf eine 360°-Rundumsicht. Im Westen ist auch der Schmale Luzin auszumachen.

Anschließend senkt sich der Pfad und führt hinab zu einem kleinen Parkplatz an der Straße. Hier laufen Sie nach links weiter in das ehemalige Fischerdorf Carwitz und stehen nach gut 300 m an einer Kreuzung vor dem Spielplatz mit fantasievollen Holzspielgeräten am Gebäude der Freiwilligen Feuerwehr.

↳ Auf der Straße nach links finden Sie nach wenigen Metern das ✕ Restaurant Carwitz Eck und kurz darauf das ⌘ Hans-Fallada-Museum. Hier in der ehemaligen Büdnerei lebte der Schriftsteller von 1933-1944 und verfasste viele seiner Bücher. Ein paar der sieben Räume sind originalgetreu eingerichtet, die übrigen informieren mit Ausstellungen über Falladas Leben und Werk.

✕ Restaurant Carwitz Eck, Carwitzer Straße 83, 17258 Feldberger Seenlandschaft, OT Carwitz, ☏ 03 98 31/22 19, wechselnde Öffnungszeiten

⌘ Hans-Fallada-Museum, Zum Bohnenwerder 2, 17258 Feldberger Seenlandschaft, OT Carwitz, ☏ 03 98 31/203 59, www.fallada.de, April-Okt Di-So 10:00-17:00, Nov-März Di-So 13:00-16:00

Hans Fallada (1893-1947)

Geboren wurde Hans Fallada am 21. Juli 1893 in Greifswald als Rudolf Wilhelm Friedrich Ditzen. Sein späteres Pseudonym als Schriftsteller war an zwei Märchen der Brüder Grimm angelehnt. Der Vorname bezog sich auf „Hans im Glück“, Fallada auf ein sprechendes Pferd, welches die Wahrheit verkündet, aus dem Märchen „Die Gänsemagd“.

Schon als Jugendlicher litt Fallada unter Schlafstörungen und Zwangsvorstellungen und nachdem er 1913 das Gymnasium ohne Abschluss verließ, begann er 1913 eine Lehre in der Landwirtschaft. Seine Alkohol- und Morphinsucht zwangen ihn zu mehreren Aufenthalten in Heilanstalten, allerdings blieben die Entziehungskuren ohne Erfolg. Später brachten ihn Unterschlagungs- und Betrugsdelikte, durch die er seine Sucht finanzierte, längere Gefängnisstrafen ein.

1920 veröffentlichte er seinen jungen, noch vom Expressionismus geprägten Debütroman. Nach der Hochzeit mit Anna Issel 1929 wendete sich Fallada verstärkt sozialkritischen Themen zu und wurde zu einem Vertreter der „Neuen Sachlichkeit“. 1932 brachte der Roman „Kleiner Mann – was nun?“, in dem Fallada den sozialen Niedergang des Buchhalters Johannes Pinneberg während der Weltwirtschaftskrise beschrieb, den internationalen Erfolg.

Fallada war ein exzessiver Vielschreiber mit einem gigantischen Arbeitspensum. In nur 17 Jahren verfasste er 20 Bücher. Aufgrund seiner kritischen Töne wurde er bereits kurz nach der Machtergreifung der Nazis von der SA verhaftet und verhört. Auf Anraten seines Verlegers zog er sich in die Provinz zurück. Er erwarb das Landhaus in Carwitz und beschränkte sich in der Folgezeit auf Unterhaltungsliteratur.

Nach dem Krieg fand er zu seinem kritischen Stil zurück und verfasste auch sein letztes Werk wie im Schreibrausch. Im Oktober 1946 schrieb er vor seinem Tod in nur 24 Tagen den Roman „Jeder stirbt für sich allein".

Sie wenden sich an der zuvor erwähnten Kreuzung beim Spielplatz nach rechts und laufen auf der Brücke über die Bäk, eine Verbindung, über die das Wasser aus dem Schmalen Luzin in den 20 cm tiefer gelegenen Carwitzer See fließt, und weiter auf der Kopfsteinpflasterstraße hinauf zur 1706 geweihten ✞ Dorfkirche von Carwitz mit einem separaten Glockenstuhl. Die Innenausstattung wie der Kanzelaltar aus dem 15. Jh. ist zum Teil wesentlich älter als die Kirche selbst. Im Sommer werden in der Dorfkirche regelmäßig Konzerte gegeben.

Cafe Sommerliebe Carwitz

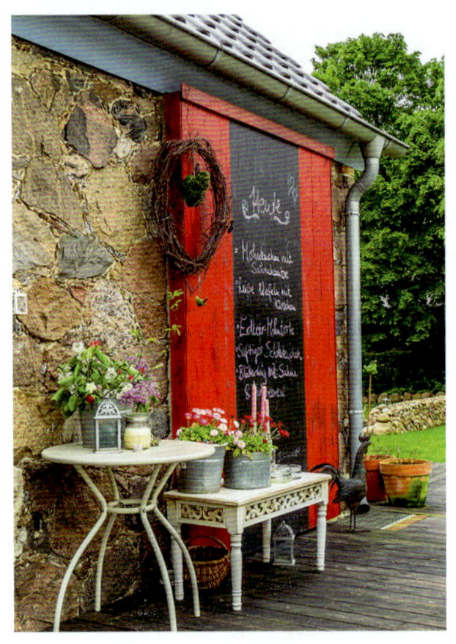

Hinter der Kirche passieren Sie die Zufahrt zum ⛺ Campingplatz und haben entlang der Dorfstraße die Wahl zwischen mehreren schönen Einkehrmöglichkeiten, wie dem liebenswerten Café Sommerliebe auf der rechten Straßenseite oder dem Ausflugslokal Mitten in't Dörp von Familie Juhl mit angeschlossenem Imbiss und Eiscafé gegenüber.

☕ Café Sommerliebe, Carwitzer Straße 37, 17258 Feldberger Seenlandschaft, ☏ 03 98 31/591 09, Mai-Okt Di-So 13:00-18:00, im Winter Sa/So 13:00-18:00

✕ Mitten in't Dörp mit Imbiss und Eiscafé, Carwitzer Straße 66, 17258 Feldberger Seenlandschaft, ☏ 03 98 31/204 65, Mai-Okt täglich ab 11:00, Nov-April Sa/So ab 11:00

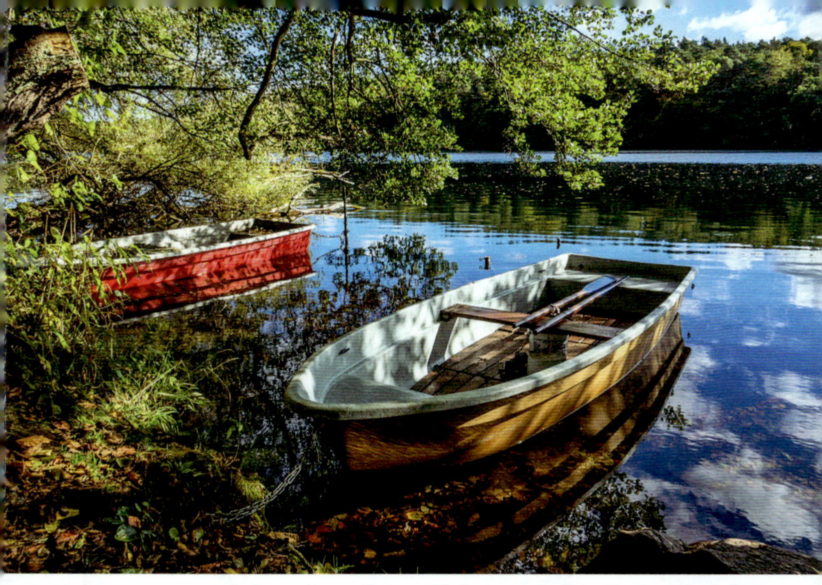

Impression auf dem Rückweg von Carwitz am Westufer

Noch vor dem seit 1937 flügellosen Turmholländer am Ortsende kehren Sie der Straße am Wegweiser „Uferweg Schmaler Luzin zum Karrengrund" den Rücken und folgen dem Weg über die Wiese an der örtlichen Badestelle ❹ vorbei.

Der Weg führt nun immer am Ufer entlang durch den Wald. Zurück über die Schulter bietet sich ein schöner Blick über den See auf Carwitz.

Vor der Einmündung eines Quertals, dem sogenannten Karrengrund, dümpeln ein paar Ruderboote auf dem Wasser. Seinen Namen erhielt das Tal mit seinen steilen Hängen, weil die Bewohner der Siedlung Neuhof einst das Wasser vom See hinauf zu ihren Häusern karrten.

An der engsten Stelle des Schmalen Luzins bietet die Badestelle Ziegenwiese ❺ mit einer großen Liegewiese und einem Picknicktisch eine weitere Möglichkeit zur Pause und/oder Abkühlung im klaren Wasser.

Anschließend laufen Sie weiter durch den herrlichen Wald am Fuß des steil aufragenden Hangs und kommen zurück zum Imbiss an der Fähre über den Schmalen Luzin. Nun trennen Sie nur noch 105 Stufen vom Auto oben auf dem Waldparkplatz.

Tauchen in den Feldberger Seen

Das glasklare Wasser der Seen rund um Feldberg bietet ideale Tauchbedingungen und mit Sichtweiten von bis zu 8 m bleibt die faszinierende Unterwasserwelt mit urigen Wasserpflanzen, Hechten, Schleien, Barschen und Karpfen garantiert nicht im Verborgenen.

Die beliebtesten Tauchreviere sind der Dreetzsee, der sich mit seiner Tiefe von 10 m auch gut für Anfänger und Schnuppertauchgänge eignet, sowie der bis zu 34 m tiefe Schmale Luzin.

Zwei Tauchbasen, die u. a. Schnuppertauchen, Tauchkurse und Ausrüstungsverleih anbieten, sind z. B. 💻 www.luzindiver.de und 💻 www.tauchcenter-feldberg.de.

Rast am Westufer

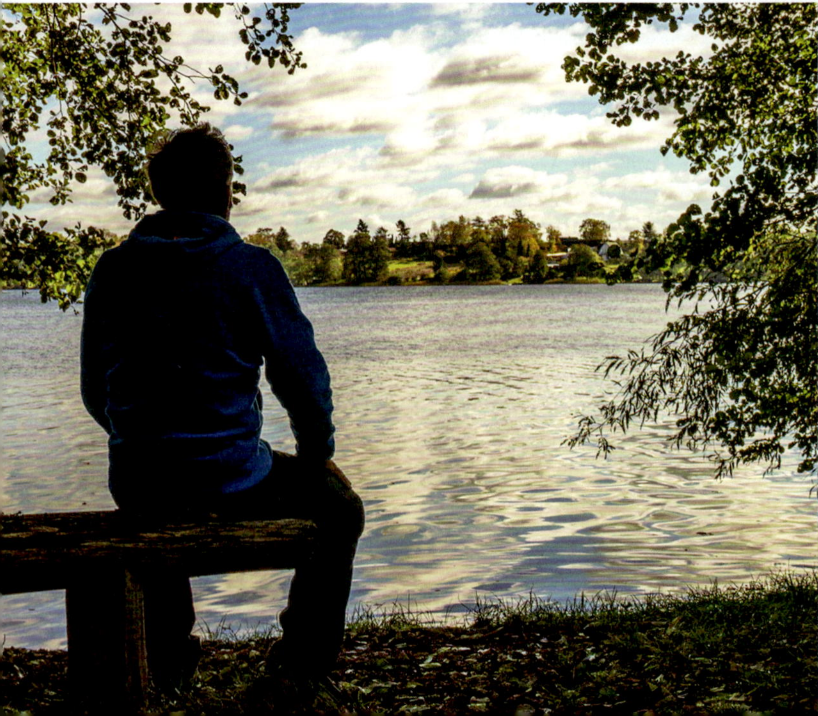